Umschau

CHRISTEL TRIMBORN   SUSANNE SCHALLER   GABI BENDER

SCHÄTZE ENTLANG DER RUHR

Umschau

INHALT

KARTE	10
VORWORT	13
Hotel Engemann Kurve	16
Hapimag Hochsauerland	18
Kaffeehaus Winterberg	20
Schmitt Angusox	22
Goldschmiede Beste	24
Gutshof Itterbach	26
Waldhotel Schinkenwirt	30
Café Hagemeister	32
Metzgerei Funke-Schnorbus	34
Romantik- & Wellnesshotel Deimann	36
Schmiede & Galerie Föster	38
Merte Metzgerei	40
Schäferhof	42
ERLEBBARE KLOSTERGESCHICHTE(N)	44
Hotel Holländer Hof	50
Partyservice Mues	52
Hotel & Restaurant Luckai	54
Landgasthof Seemer	56
Bäckerei Hahn	60
Hotel-Restaurant Zum Landsberger Hof	62
Hotel-Café-Restaurant Altes Backhaus	64
Metzgerei Krengel	66
GRÜNE BEREICHERUNG AUF SCHRITT UND TRITT	68
Eichelhardts Weinkontor	74
Gasthof Daute	76

Entlang der Ruhr finden sich viele, manchmal unerwartete Kleinode wie der malerische Stadtteil Essen-Kettwig.

INHALT

Nette's Lädchen 78
Hotel Restaurant Sunshine 80
Biohof Schulze Wethmar 82
Wegener's Gemüse-Manufaktur 84
Parfümerie Wigger 86
Tom's im Burghof 88
Postergalerie 90

MUSEEN: FENSTER ZUR REGIONALEN KULTUR 92
Riad – Mediterrane Genusswelten 98
Vinothek Dorfstraße 13 100
Haus Oveney 102
Scarpati Hotel-Restaurant-Trattoria 104
Langenhorster Stube 106
Brauksiepe Goldschmiedemanufaktur 110
Hof Umberg 112
Gasthof Berger 114

HOCH ODER TIEF – EINE FRAGE DER PERSPEKTIVE 116
Restaurant Mausefalle 122
House of Cigars 124
Wellings Romantik Hotel zur Linde 126
Restaurant Klosterpforte 128

REZEPTE 132

REZEPTVERZEICHNIS 142
ADRESSVERZEICHNIS 144
REGISTER 148
IMPRESSUM 152

Grün umrankt, sanft fließend – die Ruhr ist nicht umsonst beliebt für die Naherholung.

KARTE

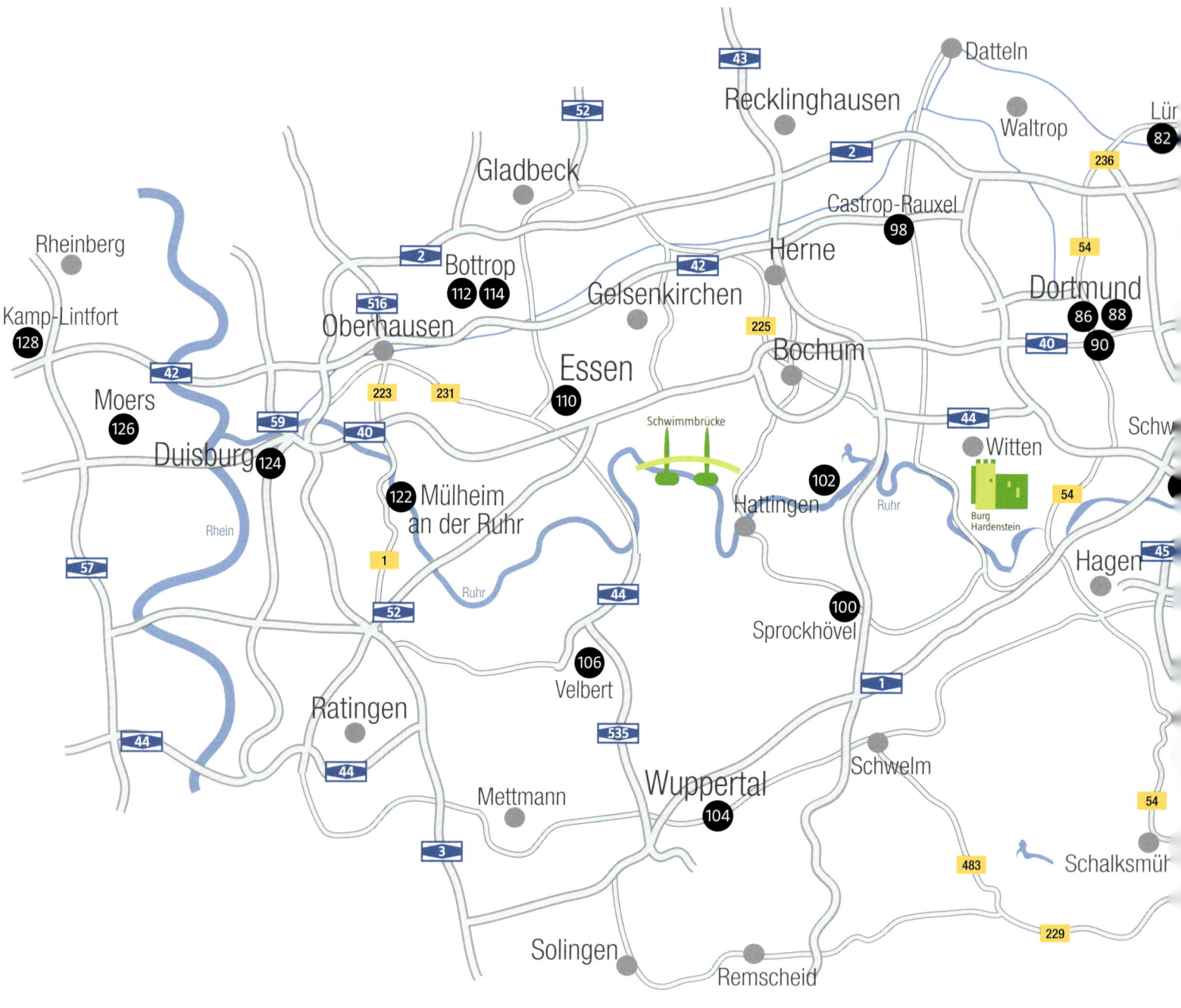

28 Die Zahlen in der Karte sind identisch mit den Seitenzahlen der verschiedenen Betriebe in diesem Buch und zeigen ihre Lage in der Region.

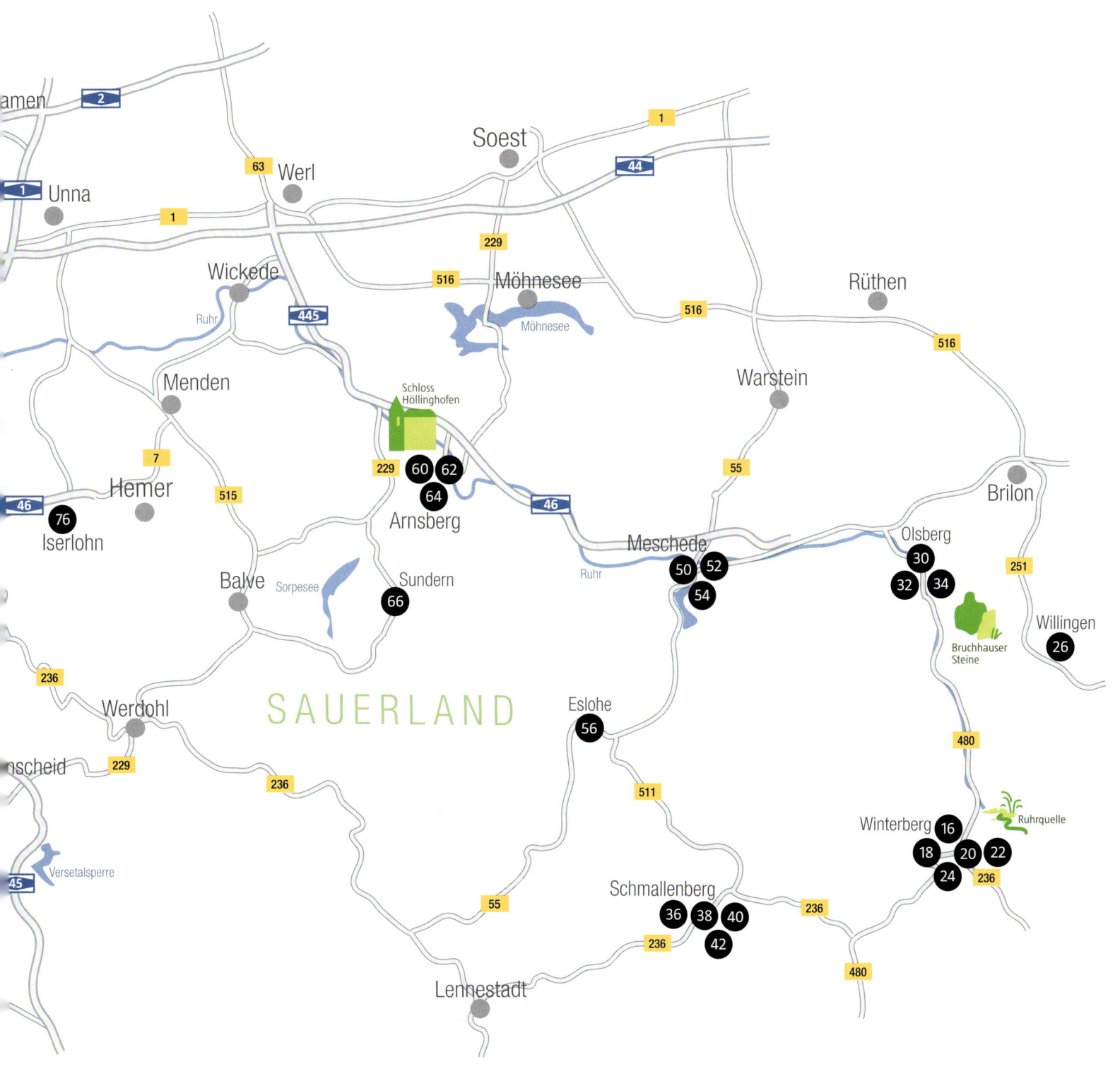

Soest zum Tasten: ein Modell der Stadt mit Erhebungen für Blinde auf wichtigen Gebäuden wie dem St.-Patrokli-Dom rechts.

VORWORT

Uns als Autorenduo war es eine echte Herzensangelegenheit, die „Schätze entlang der Ruhr" zu heben und sie in diesem Band vorzustellen. Und es war eine Leichtigkeit – denn Schätze gibt es in dieser Region viele. Das wussten wir bereits zu Beginn des Projektes. Eine von uns lebt und arbeitet inmitten der größten Industrieregion Europas, die ihren Namen „Ruhrgebiet" durch den Fluss erhielt. Die andere bereist seit vielen Jahren beruflich wie privat die Region zwischen Winterberg und Duisburg. Diese beiden Städte markieren die Quelle und die Mündung der Ruhr, die sich ihren Weg aus dem Hochsauerland bis in den tiefen „Pott" bahnt. Entlang ihrer Ufer gibt es Städte und Landschaften, moderne und traditionelle Kultur sowie Menschen und Macher zu erleben, die uns auf unserer Schatzsuche begeistert haben. Und für die wir nun Sie beim Lesen dieses Buches begeistern möchten.

Wer von der bemerkenswerten Vielfalt nichts verpassen will und sich fit genug fühlt, dem möchten wir nahelegen, die rund 230 Kilometer entlang der Ruhr zu Fuß oder mit dem Rad zu erkunden. Es muss ja nicht an einem Stück sein – auch etappenweise lässt sich diese Route wunderbar erschließen. Man kann durch die malerische Landschaft des Rothaargebirges oder Sauerlandes streifen, an alten Bahntrassen entlang wandern und in die industrielle Kulturlandschaft der Metropole Ruhr eintauchen. Gut gepflegte Altstädte mit historischen Fachwerkhäusern laden zum gemütlichen Bummel ein, mittelalterliche Burgen oder Kirchen, Klöster und Museen geben bemerkenswerte Einblicke in die Geschichte der Region und halten sie lebendig.

Und auch die Kulinarik kommt dabei natürlich nicht zu kurz: Während im Sauerland Landgasthöfe Gutes aus der Region präsentieren, gibt es im Ruhrgebiet Köstlichkeiten aus aller Herren Länder. Die spannendsten Entdeckungen liegen jedoch immer wieder in den Begegnungen mit den Menschen entlang der Ruhr, die sich, wie bei einem Mosaik, zu einem bunten Bild zusammenfügen: Denn der Sauerländer ist noch lange nicht mit dem „Ruhrpottler" in einen Topf zu werfen. Immerhin liegen dazwischen rund 150 Kilometer Fluss, die den fließenden Übergang von Westfalen zum Rheinland bilden – das sind Welten! Gehen Sie mit uns auf Schatzsuche entlang der Ruhr und lassen Sie uns gemeinsam Mentalität, Kultur und Natur kennenlernen.

Viel Spaß bei der Tour de Ruhr wünschen Ihnen

Christel Trimborn und Susanne Schaller

Das über 200-jährige Alte Fachwerkhaus Stockebrand wurde liebevoll renoviert und lädt heute zu Veranstaltungen wie Trauungen und Lesungen ein.

WO MAN ALS GAST IN SCHWUNG KOMMT
In Winterberg hält ein Traditionshaus die Spur mit frischer Moderne

Gesundheit ist unser persönlicher Schatz. Ihn zu hüten ist ein Vergnügen im *Hotel Engemann Kurve*, ein erstklassiges Refugium in der „Ferienwelt Winterberg". Zu jeder Jahreszeit lohnt sich hier ein aktiver Aufenthalt – mit Wandern, Golfspielen oder Radfahren im Sommer; Skifahren, Langlaufen oder Rodeln im Winter.

Ob Profi- oder Hobby-Sportler – für Aktive bietet sich an, sich wortwörtlich in die „Kurve" zu legen: 16 hochwertige Zimmer, eine gemütliche Lounge mit Kamin, einen stilvollen Wellnessbereich sowie ausgezeichnete Kulinarik hat das Hotel mit dem markanten Namen im Repertoire. Den verdankt das Haus übrigens seinem Gründer Georg Engemann. Dem ehemaligen Bobfahrer wurde eine Kurve regelmäßig zum Verhängnis, was ihm den Spitznamen „Kurven-Schorsch" einbrachte.

Seit nunmehr über 15 Jahren begrüßt Tochter Maria Gebhardt mit ihrem Mann Lutz und Sohn Frank die Gäste. In Zeiten digitaler Reiseplanung und entsprechendem Wettbewerb entwickelt das Trio den guten Ruf des Hotels mit Feingefühl und Engagement weiter. „Im Verhältnis sind wir ein kleines Haus, zeigen allerdings Größe darin, dass wir jedem Gast individuelle Aufmerksamkeit widmen", fasst die Familie den Erfolg zusammen; die große Zahl an Stammgästen ist lebendiger Beweis.

Die Zimmer sind auf dem neuesten Stand – technisch wie gestalterisch. Das Beauty- und Wohlfühlangebot wird gerne genutzt. Schließlich zieht eine abwechslungsreiche Speisekarte Gäste von nah und fern in das teils klassisch, teils modern gestaltete Ambiente des Restaurants. Maria Gebhardt verwirklicht hier mit dem Team um Küchenchef Michael Fischer eine vielfältige, auf Frische ausgerichtete Kulinarik. Von der Brotzeit über vegetarische Gerichte bis hin zum exklusiven Fünf-Gänge-Menü finden Feinschmecker immer die passende Speise für den richtigen Moment.

HOTEL ENGEMANN KURVE
Familie Gebhardt und Frank Soccal
Haarfelder Straße 10
59955 Winterberg
Telefon 0 29 81 / 92 94 0
info@engemann-kurve.de
www.engemann-kurve.de

PERLHUHNBRUST IM SPECKMANTEL MIT RAHMSAUERKRAUT UND SCHUPFNUDELN
Dieses Rezept finden Sie auf Seite 132

EIN RESSORT MIT KULINARISCHER VIELFALT
Einflüsse aus aller Welt in Winterberger Ferienparadies

Erfunden haben die Eidgenossen das Prinzip Ressorturlaub zwar nicht, aber durch das Konzept der Mitgliedschaft bei *Hapimag* perfektioniert. Eine der europaweit 58 Ferienanlagen des Unternehmens ist in Winterberg beheimatet. Modern gestaltete Apartmenthäuser sind einem Dorf ähnlich angeordnet, in dem man alles für den exklusiven Aufenthalt vorfindet. Wandern, Walken, Wellness – man braucht neben der stilvollen Unterkunft nur noch die Natur des Sauerlandes; und die liegt einem hier quasi zu Füßen.

Ein kleiner Lebensmittelladen versorgt mit hochwertigen, regionalen Produkten die Grundbedürfnisse. Wer gehobenere Kulinarik möchte, der sollte das Restaurant Rothaarsteig aufsuchen, das unter anderem wechselnde Themenabende anbietet. Last but not least überzeugt die kleine wie feine Waldstube mit ausgewählter Karte und Gourmetküche. Kreativer Kopf hinter dieser Kulinarik ist Norman Pontzen. Seit 2002 stimmt der Küchenmeister jede Speise auf die Atmosphäre des Ressorts ab. Mit einem sechsten Sinn etablierte er jüngst die 5-Elemente-Küche im Restaurant Wok5. Die zelebriert frische und unkomplizierte asiatische Esskultur und korrespondiert mit dem Angebot der großzügigen, 800 Quadratmeter großen Vital Oase. Wer hier seine Balance mittels TCM – Traditionelle Chinesische Medizin – wiederherstellt, führt die Erkenntnisse im Wok5 kulinarisch fort. Und noch mehr: Pontzen bereitet das Konzept der Zutatenkombination so transparent auf, dass sich der Gast anschließend auch zuhause gesund und genussvoll ernähren kann.

Schließlich rundet die Vinothek Barrique das Konzept der kulinarischen Weltreise ab. In dem gemütlichen Raum werden leckere Kleinigkeiten und französische Tropfen serviert. Die Vinothek ist ein echter Geheimtipp in Sachen Laissez-faire. Zum Glück: Übernachtung, Restaurants sowie Wellness stehen auch Nichtmitgliedern zur Verfügung.

HAPIMAG HOCHSAUERLAND
Hisham Tawik, Resort Manager
Norman Pontzen, Chefkoch
Holtener Weg 21
59955 Winterberg
Telefon 0 29 81 / 80 80
winterberg@hapimag.com
www.hapimag.com

OCHSENBACKEN
Dieses Rezept finden Sie auf Seite 132

KUNST, KULTUR UND KULINARIK
Ein Café erfindet sich immer wieder neu

„Ich nehme einen Cappuccino, ein Stück Bratapfeltorte und den Stuhl, auf dem ich sitze" – solch eine Bestellung ist wohl nur im *Kaffeehaus Winterberg* möglich. Hier erlebt man eine besondere Form der Gastlichkeit, denn neben Selbstgebackenem können alle, wirklich alle, Möbel und Accessoires direkt erworben werden. Das Ergebnis: Regelmäßig zeigt sich das Kaffeehaus im neuen Look und entsprechend wandelt sich im Laufe der Zeit die Einrichtung.

Danica Wahle hat mit ihrer Mutter einen besonderen Platz im Herzen von Winterberg gewählt. Das historische Gebäude wurde nach einem Brand im Jahr 1791 wieder errichtet und unterschiedlich genutzt: Kolonialwarenladen, Atelier der Künstlerin Mercedes Engemann sowie eine Buchhandlung waren hier untergebracht. Die Damen haben inzwischen mehr etabliert als ein ausgezeichnetes Kaffeehaus. Der Gast betritt quasi ein überdimensionales Wohnzimmer mit trendigen Möbeln und ausgesuchten Art-Dessin-Artikeln. Hier schmecken traditionelle Kuchen und hochwertige Kaffeespezialitäten auf Barista-Niveau besonders gut. Die Qualität des Kaffees zeigt die Wahl der Bohnen: Eine Spezialröstung aus der Privatrösterei Langen in Medebach. Empfehlenswert ist übrigens das Frühstück auf Vorbestellung. Nach persönlichen Wünschen wird alles frisch zum Termin arrangiert.

Innenarchitektonisch wiederum verleiht der Innenraum mit charakteristischem Fachwerk sowie Pflasterung im Fischgrätmuster dem *Kaffeehaus Winterberg* viel Charme. Abgerundet wird die Wohlfühlstimmung durch sanfte Musik sowie ein knisterndes Feuer, das im Winter angenehme Wärme spendet – man fühlt sich regelrecht zuhause. Mit wechselnden Kunstausstellungen und unterschiedlichen Veranstaltungen führt Danica Wahle ein Kaffeehaus, das seinen Namen verdient.

KAFFEEHAUS WINTERBERG
Danica Wahle
Marktstraße 1
59955 Winterberg
Telefon 0 29 81 / 5 08 96 71
info@kaffeehaus-winterberg.de
www.kaffeehaus-winterberg.de

RESPEKT, DEN MAN SCHMECKT
Mit nachhaltiger Zucht, Geduld und Sorgfalt zu höchster Rindfleischqualität

Ulrich Schmitt, Meister der Land- und Forstwirtschaft, stellte im Jahr 1997 den landwirtschaftlichen Betrieb der Eltern komplett auf Fleischrinderhaltung der Rasse Deutsch Angus um. Seitdem lautet sein Prinzip: Behandle Tiere mit Geduld und Respekt.

Die Jungbullen kommen im Alter von sechs bis neun Monaten von einem Biohof der Region zu ihm in die Mast. In ruhiger und konsequenter Art erzieht er die noch temperamentvollen Jungtiere. Denen geht es hier auf 700 Metern Höhenlage ganz prächtig. Im Sommer fressen sie Gras und Kräuter auf den Weiden; den Winter verbringen sie in modernen Außenklimastallungen mit viel Bewegungsfreiheit und reichlich Einstreu. Lediglich Mineralien und Salz fügt Ulrich Schmitt ihrer Ernährung aus Grassilage und Heu hinzu. 40 Tiere hat der engagierte Züchter in seinem Bestand. Bis zum Alter von drei Jahren wachsen sie ungestört bei ihm auf und lagern so ausreichend Fett an. All dies sind Voraussetzungen für ein aromatisches Fleisch, das eine auffallend feine Marmorierung zeigt. Feinschmecker sowie umliegende Spitzenrestaurants haben seinen Hof längst entdeckt.

Vor dem Genuss steht die Schlachtung und so, wie Ulrich Schmitt es macht, dürften sich auch Skeptiker von der tiergerechten und qualitativ einwandfreien Art überzeugen lassen. Fast jedes Tier begleitet er persönlich zum einen Kilometer entfernten Schlachthof. Das Fleisch zerlegt er anschließend ganz professionell. „Kraft braucht man dafür keine, sondern Sorgfalt", erklärt er. In 50 Arbeitsstunden schneidet er alle Stücke zu, vacuumiert und schockfrostet sie.

Von kleinen Portionen wie 250 Gramm Hackfleisch bis zur Füllung der Tiefkühltruhe ist alles möglich und ab Hof erhältlich. Auf Wunsch gibt Ulrich Schmitt gerne Tipps für eine gesunde wie geschmackvolle Zubereitung des Bio-Rindfleisches.

SCHMITT ANGUSOX
Ulrich Schmitt
Am Mittelsberg 6
59955 Winterberg
Telefon 01 70 / 8 69 51 67
schmitt.angusox@gmx.de
www.schmitt-angusox.de

AUS ALT MACH NEU
Eine Goldschmiede ist spezialisiert auf die Reparatur von Rolex-Uhrenarmbändern

Als Einzelhandelsgeschäft und Goldschmiedeatelier hatte Heinz Beste senior bereits 1945 die Meistergoldschmiede Beste in Winterberg gegründet. Während die Gäste des Urlaubsortes früher überwiegend die Anfertigung einzelner, kostbarer Schmuckstücke in Auftrag gaben, haben Heinz und Björn Beste, die das Unternehmen heute in zweiter und dritter Generation führen, ein neues Spezialgebiet für sich entdeckt: die Aufarbeitung und Instandsetzung von hochwertigen Gold-, Platin- und Gold-Stahlarmbändern – überwiegend der Marke Rolex.

„Aufträge kommen aus ganz Deutschland, aber auch aus den Niederlanden, Österreich und sogar aus der Schweiz", freut sich Heinz Beste. Mit seinem Sohn arbeitet er in dem gemeinsamen Atelier unweit des historischen Winterberger Stadtkerns daran, die nach langer Tragedauer ausgeschlagenen oder beschädigten Armbänder wieder zu reparieren.

Björn Beste, der nicht nur wie sein Vater Gold- und Silberschmied, sondern auch Edelsteinexperte (Gemmologe) und Diplom-Betriebswirt ist, macht den Kunden Hoffnung: „In 90 Prozent aller Fälle ist eine Instandsetzung möglich und auch wesentlich günstiger als der Kauf eines neuen Uhrenarmbandes." Klar, dass die beiden Experten die besondere technische Vorgehensweise, mit der sie die hochwertigen Stücke bearbeiten, nicht preisgeben. „Alles streng geheim", sagen sie. Nicht geheim ist, dass es etwa drei bis vier Wochen dauert, bis die alten Bänder wieder aussehen wie neu.

Beispiele ihrer Arbeit präsentieren Heinz und Björn Beste in den Ausstellungsvitrinen mehrerer Winterberger Hotels. Dort zeigen sie auch meisterlich gefertigte Ringe und Colliers aus hochwertigen Materialien wie Gold, Diamanten und Perlen. Denn bei aller Reparaturarbeit an den Uhrenarmbändern haben sie ihr eigentliches Handwerk, das Goldschmieden von Unikatschmuck, nicht verlernt.

GOLDSCHMIEDE BESTE
Heinz und Björn Beste
Feldstraße 10
59955 Winterberg
Telefon 0 29 81 / 21 63
beste-gbr@t-online.de
www.goldschmiede-beste.de

GOURMET TRIFFT GENUSS
In purer Idylle entfalten sich beste Kulinarik und Geselligkeit

Nur einen Spaziergang entfernt vom Ortskern des bekannten Urlaubs-und Touristenortes Willingen liegt das idyllische Strycktal mit der legendären Mühlenkopfschanze. Direkt am leise plätschernden Itterbach wird dieser besondere Ort seit 2001 durch eine Perle der Gastronomie und Gastgeberschaft geschmückt: die Gourmet- und Eventdestination *Gutshof Itterbach*.

Die Initiatoren schöpften bei der Planung aus ihrer bereits langjährigen Erfahrung als Hoteliers des Sauerland Stern Hotel. Bemerkenswert: Der Gutshof wirkt historisch, wurde aber nach Erkenntnissen moderner Architektur, Akustik sowie Lichtführung neu erbaut. Ebenerdig betritt man das Gourmetrestaurant im elegant-rustikalen Look. Altes Gebälk wurde verarbeitet, das optische Wärme vermittelt, begleitet vom prasselnden Feuer im offenen Kamin und dem angenehmen Licht der Bronzelüster. Es schließt sich eine großzügige Terrasse an mit Blick ins Grüne. In der ersten Etage steht ein multifunktionaler Saal für Feiern und Veranstaltungen aller Art zur Verfügung – immer unterstützt durch modernste Veranstaltungstechnik. Das Atelier schließlich bietet einem kleinen Kreis private Atmosphäre. Fazit: Mit Exklusivität und Funktionalität bringt der *Gutshof Itterbach* jedes Event individuell zur Geltung.

Ebenso wie die Kulinarik. Moderne Aromenküche wird in drei Formen serviert: als Monatsmenü oder – vierteljährlich wechselnd – Gutshofmenü sowie als vegetarisches Menü. „Wir erfreuen uns großer Beliebtheit bei Familien und Freundeskreisen, deren Mitglieder teils vegetarisch oder vegan speisen", stellen die kreativen Köche des *Gutshof Itterbach* fest und machen Appetit auf feine Gerichte und korrespondierende Weine: „Bei uns begegnen sich Klassiker und Experimentelles auf Augenhöhe."

GUTSHOF ITTERBACH
Küchenchefs Christian Hagel und Thomas Schurat
Mühlenkopfstraße 7
34508 Willingen
Telefon 0 56 32 / 96 94 0
info@gutshof-itterbach.de
www.gutshof-itterbach.de

DREIERLEI VON DER HEIDELBEERE UND CRÈME FRAÎCHE-EIS
Dieses Rezept finden Sie auf Seite 133

Erstmals 1231 urkundlich erwähnt hat die denkmalgeschützte katholische Pfarrkirche St. Josef in Dortmund bis heute nichts von ihrer Stattlichkeit verloren.

FREIHEIT, ZUM GREIFEN NAH
Wo man die Natur im Blick behält und auf dem Teller kultiviert

Weite Wälder, klares Wasser und prickelnde Luft – wie ein Kanada en miniature empfängt das Sauerland und hier ganz besonders herzlich das *Waldhotel Schinkenwirt* am Eisenberg. Gewundene Wege führen zum großzügigen Haus, in dem man räumlich und mental wunderbar Abstand gewinnt zum Alltag.

Die gebürtige Sauerländerin Gabi Pfannes, Tochter des „letzten" Schinkenwirts, verleiht dem ehemaligen Bauernhof natürliche Eleganz und bietet mit ihrem Team einen freundlichen Service. Alle Zimmer geben den Blick frei in den Wald und sind Ausgangspunkt für erholsame Spaziergänge. Vom Ausflug zurück genießt man die Küche des Unterfranken Michael Pfannes, der hier seine kulinarische Heimat gefunden hat und einheimische wie zugereiste Feinschmecker erfreut. Sterneköche begleiteten seinen Weg in die Selbstständigkeit. Jean Claude Bourgueil würzte das junge Talent im Düsseldorfer Schiffchen mit französischer Raffinesse und Hans Haas zeigte ihm im Münchner Tantris, bei beeindruckender Opulenz echte Bescheidenheit walten zu lassen. Jetzt hat Pfannes seinen Stil gefunden: kreativ, produktorientiert und alles zu seiner Zeit. „Gasthaustradition trifft Gourmetküche im Geist von Slow-Food" ... gesagt, getan: Pfannes verarbeitet das gesamte Tier, zum Beispiel das Rote Höhenvieh, und serviert fein verarbeitet neben Filet und Bäckchen auch Herz, Zunge oder Ochsenschwanz. Über die Jahre hat er wertvolle und nahe Kontakte geknüpft zu Forellenzüchtern, Jägern und einigen Pilzsammlern, die Köstlichkeiten aus Feld und Flur zunächst ungefragt ins Haus brachten.

Es scheint paradox: Die Rückkehr zu ganzheitlicher Kulinarik sowie natürlicher Lebensweise stellt einen Fortschritt der Hotellerie dar. Familie Pfannes schafft im *Waldhotel Schinkenwirt* für sich selbst und die Gäste Raum für persönliche Freiheit.

CARPACCIO VOM SCHMALTIER
Dieses Rezept finden Sie auf Seite 133

WALDHOTEL SCHINKENWIRT
Gabi und Michael Pfannes
Eisenberg 2
59939 Olsberg
Telefon 0 29 62 / 9 79 05-0
info@schinkenwirt.com
www.schinkenwirt.com

SÜSSES FÜRS SAUERLAND
Café mit Kuchenmission: unbedingt ein Stück abschneiden!

Obwohl der Sauerländer als weniger filigran, eher bodenständig bekannt ist: Im traditionsreichen *Café Hagemeister* bekennt er sich zur Raffinesse. Sahne- und Cremetorten, Obstkuchen sowie knuspriges Gebäck in großer Auswahl locken Olsberger wie Touristen durch ihre kunstvolle Optik. Wer probiert, wird nicht enttäuscht. Die junge Konditorin Anna Luse verwendet Produkte von bester Qualität. Doch professionelles Handwerk sowie ausgesuchte Rohstoffe sind nicht allein Grund für den ausgezeichneten Ruf. Hinzukommt eine ordentliche Portion Kreativität.

„Ich habe ein lukullisches Gedächtnis", verrät Anna Luse. Sahne, Mandeln, Früchte: Selbst in vermeintlich schlichten Zutaten erkennt die kreative Konditorin vielfältige Aromen. So schafft sie innovative Köstlichkeiten – verbindet Traditionelles mit Trend, kombiniert frech das Süße mit dem Herzhaften. Sie erfindet zum Beispiel Pumpernickel-Sahne, Minzbuttercreme mit Johannisbeer-Spiegel oder Frischkäsemousse mit Cassis-Sahne.

Doch keine Sorge: In dem charmanten Interieur mit Sixties-Flair sowie auf der Terrasse direkt an der Ruhr werden auch Klassiker serviert wie Schwarzwälder Kirschtorte oder Frankfurter Kranz. Dazu verbreitet Kaffee kräftiges Aroma, schmeckt Tee fein exotisch und macht die Trinkschokolade das Glück perfekt. Die Schokolade ist übrigens Anna Luses Leidenschaft. Leicht zu erkennen an Pralinen und Trüffeln mit Geschmacksrichtungen wie Zartbitter-Chili oder weiße Schokolade mit Zitrone und Mohn.

Ob zu Ostern, Weihnachten, zu großen Festen oder kleinen Momenten – Anna Luse bringt mit ihrer Mutter Bärbel, die das Café geschmackvoll dekoriert, die Süße ins Sauerland und noch darüber hinaus. Im Jahr 2011 gestaltete sie für den Deutschen Fußballmeister Borussia Dortmund die Meisterschale in Form einer Torte. So schmeckt der Erfolg glatt noch besser!

CAFÉ HAGEMEISTER
Anna Luse
Ruhrstraße 9
59939 Olsberg
Telefon 0 29 62 / 9 76 66 67
info@cafe-hagemeister.de
www.cafe-hagemeister.de

LUKULLISCHE IDEEN, DIE ZÜNDEN
In Olsberg macht Metzger Funke meisterhaft gute Wurst

Mit Bedacht schneidet Michael Funke den Sauerländer Knochenschinken in hauchzarte Scheiben. „Zehn Monate ist diese Spezialität gereift. Von Hand gesalzen und immer wieder gewendet, ja fast gestreichelt, entfaltet der Schinken schließlich sein Aroma", stellt der Meister seines Faches klar und lacht: „Da werde ich doch jetzt nicht hektisch!" Für diese und andere regionaltypische Leckereien, für die immer ausgewählte Tiere umliegender Höfe verarbeitet werden, erhielt die *Metzgerei Funke-Schnorbus* 2013 die Auszeichnung „Meister.Werk.NRW". Weitere Kriterien waren unter anderem die Qualität der Ausbildung oder die Beurteilung des Betriebs durch den Veterinär.

Bemerkenswert ist die gute Atmosphäre an beiden Standorten in Bigge und Olsberg. Das Personal berät ausgesprochen fachkundig und pflegt herzlichen Kontakt zu den Kunden. So sind die Stehtische zur Mittagszeit schnell besetzt. Die „heiße Theke" bietet Tafelspitz, Schaschliktopf oder Schweinerückensteak mit frischem Gemüse und schmackhaften Beilagen – alles garantiert von Hand zubereitet. Was soll ich heute Mittag kochen? Das Funke-Team gibt gerne Anregungen – vom sauerländischen „Renner" Schlackerwurst mit Grünkohl bis zu Geflügel auf asiatische Art.

Ehefrau Elke bereichert die Kulinarik des Familienbetriebs durch den Partyservice: Von den Speisen bis zur Dekoration gestaltet sie individuelle Feste so professionell, dass der Gastgeber getrost die Zügel aus der Hand geben kann. Inzwischen haben die Funkes mit der sorgfältig restaurierten „Steinkleffhütte" sogar einen passenden Ort geschaffen, an dem Klein und Groß feiern können – an Schaukeln und Sandkasten können sich Kinder die Zeit vertreiben, am Grill die Erwachsenen. In eigener Regie oder eben perfekt versorgt durch die *Metzgerei Funke-Schnorbus* kann man es sich an diesem romantisch gelegenen Ort gutgehen lassen.

METZGEREI FUNKE-SCHNORBUS
Elke und Michael Funke
Mittelstraße 16
59939 Olsberg
Telefon 0 29 62 / 18 43
info@funke-schnorbus.de
www.funke-schnorbus.de

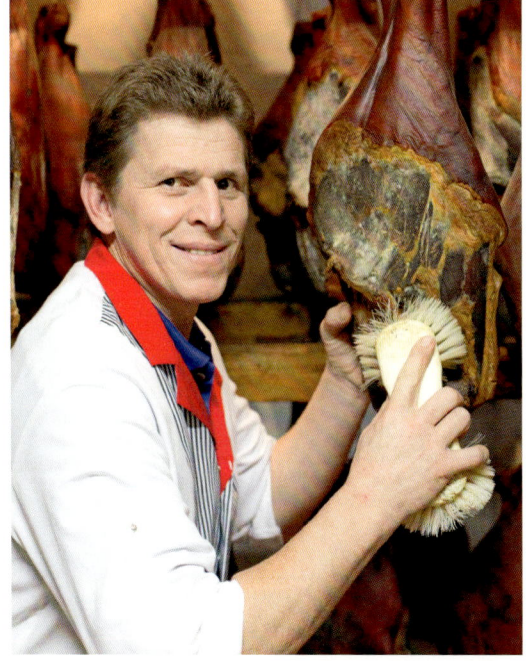

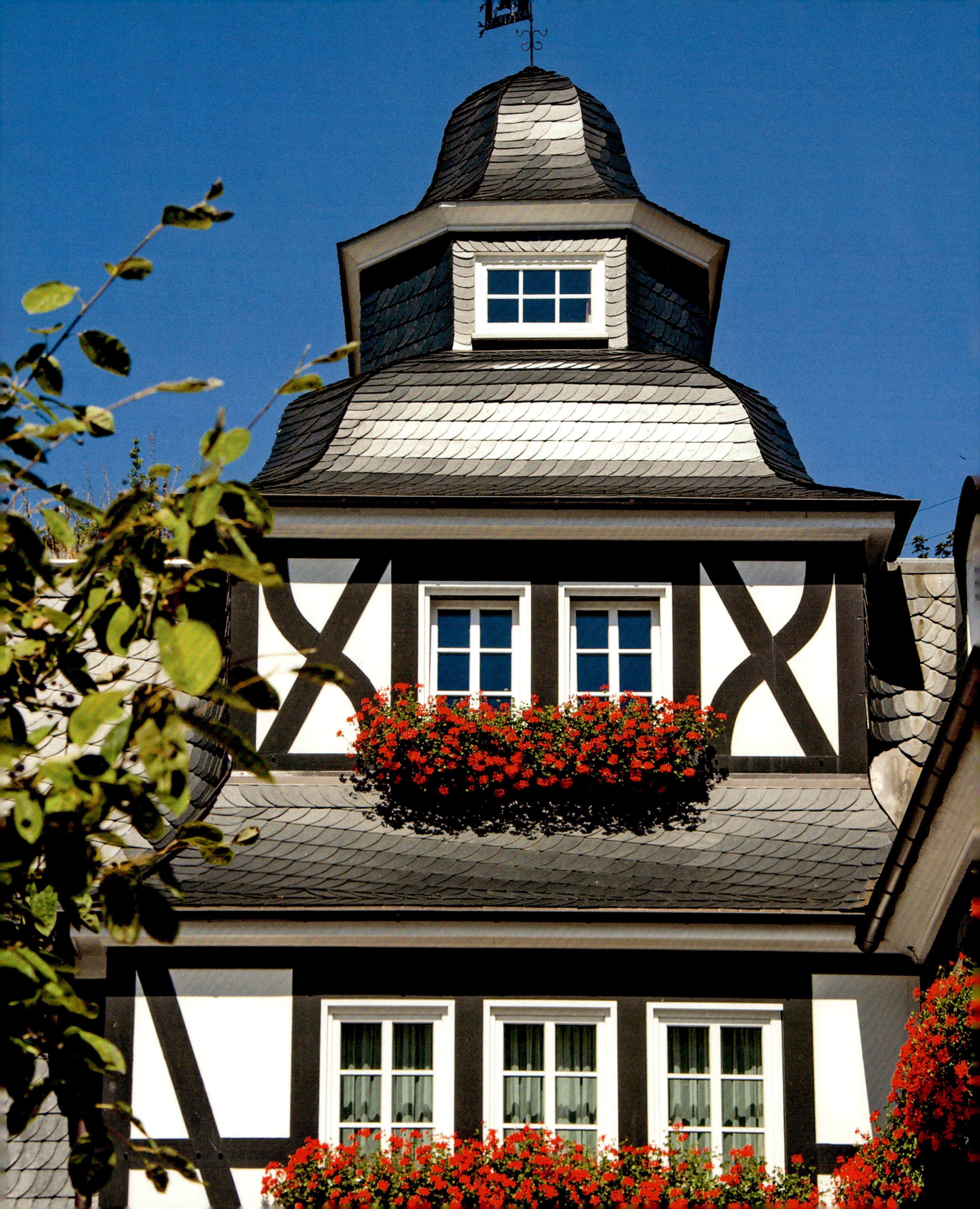

ZU BESUCH BEI PIONIEREN
Top-Hotellerie ist immer einen Schritt voraus

Gute Unternehmer finden garantiert einen Weg, ihre Ideen zielgerichtet umzusetzen. Albert Hilsmann war so einer. Die bestechend schöne Jugendstilvilla im heutigen Zentrum des *Romantik- & Wellnesshotel Deimann* ist sein Werk. Für den Bau ließ Hilsmann kurzerhand eine Ziegelei sowie ein Sägewerk erbauen und einen Steinbruch erschließen. Er begründet so die Erfolgsgeschichte moderner Hotellerie Im Schmallenberger Sauerland.

Vergleichbaren Tatendrang legen die heutigen Gastgeber an den Tag – immer im Einklang mit der romantischen Umgebung. Mit dem Gründer zwar nicht verwandt, aber als geistige Erben heute in dritter und vierter Generation ist Familie Deimann dem Trend immer einen Schritt voraus. Nur zwei Beispiele: Bereits 1989 entstand auf den Flächen des Gutshofes der Golfplatz und seit 1995 entspannen die Gäste in der 3.200 Quadratmeter großen Vital-Oase – man war Gründungsmitglied der Vereinigung „Wellness Hotels Deutschland". Über die Jahre wurde das Luxusdomizil auch räumlich den Wünschen der Gäste angepasst. Neben klassischem Ambiente folgen die neuen Komfortzimmer dem aktuellen Lebensstil mit begehbarem Kleiderschrank und fließend ineinander übergehenden Bereichen von Bad, Wohnen und Schlafen. Auch der Kulinarik sind keine Grenzen gesetzt. Es schmeckt in verschiedenen Restaurants à-la-Carte oder als Pensionsmenü, in der Bierstube, an der Bar oder im Gartenbistro. In der Ladenpassage lässt sich an sieben Tagen in der Woche exklusiv shoppen.

„Das Haus in seiner heutigen Form ist das Werk unserer Gäste", gibt die Familie das häufig geäußerte Lob zurück. Sie orientiert sich an dem Wunsch, in schnelllebigen Zeiten ein konzentriertes Wohlbefinden zu erleben. Ideen dafür offeriert das *Romantik- & Wellnesshotel Deimann* zu jeder Saison und bleibt dabei auch für Stammgäste eine echte Entdeckung.

ROMANTIK- & WELLNESSHOTEL DEIMANN
Familie Deimann
Winkhausen 5
57392 Schmallenberg-Winkhausen
Telefon 0 29 75 / 8 10
info@deimann.de
www.deimann.de

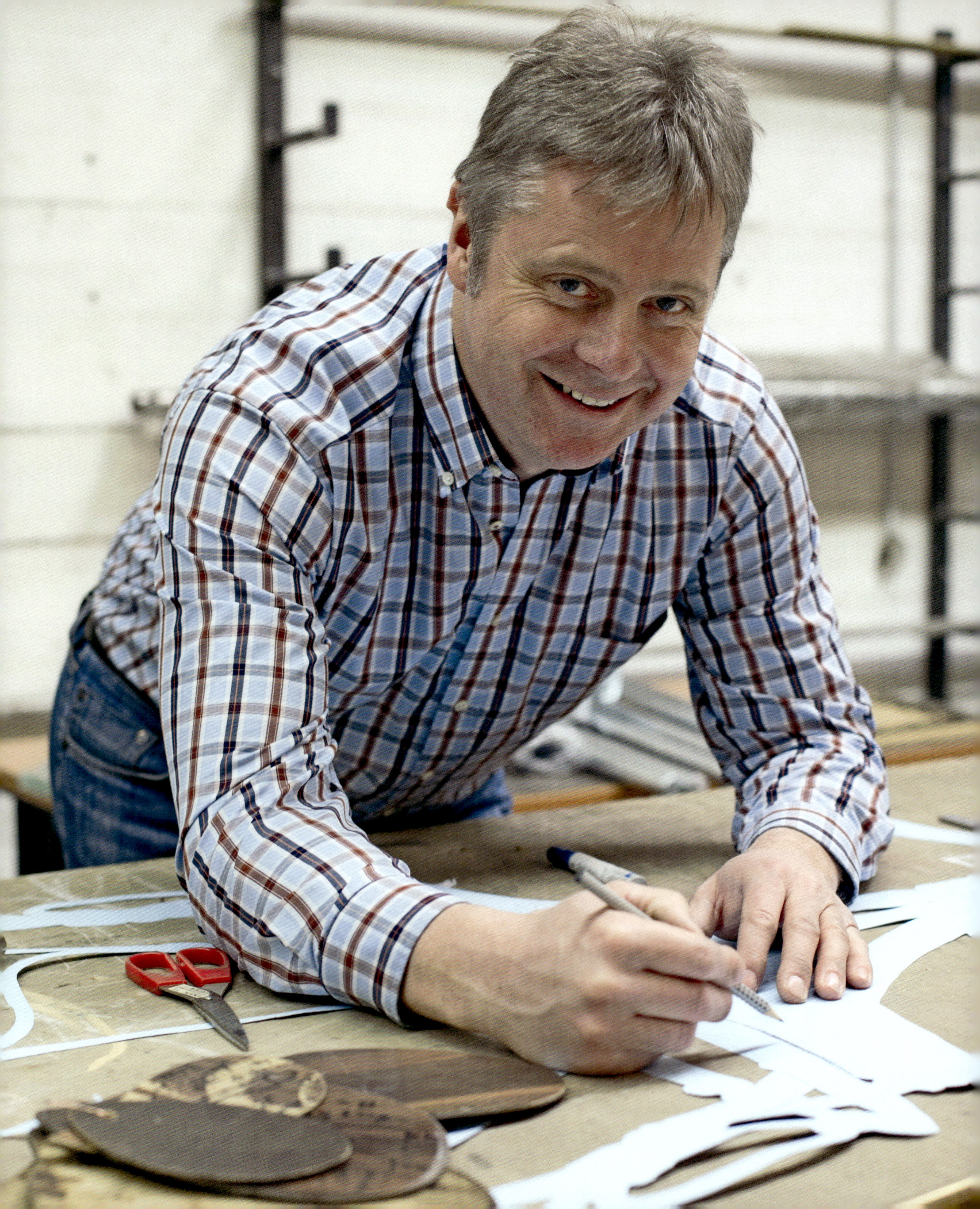

ZEIT FÜR BRONZE
Kunstvoll geschmiedeter Schmuck für Haus und Garten

Die satte Natur macht das Sauerland so schön und inspiriert Uwe Föster tagtäglich. Für seine Werke nutzt der Kunstschmied vorwiegend Bronze. Es erstaunt, zu welch filigranen Objekten er die schwere Metalllegierung verarbeitet. Das aufwändige Polieren von Kanten und ausgesuchten Oberflächen unterstreicht die Plastizität, verleiht feines Understatement. Die Leichtigkeit von Schmetterlingen, Libellen und anderen Insekten hält Föster mit seiner typischen und angenehm expressiven Formgebung fest – selbst die oft ungeliebte Spinne erscheint attraktiv. Auch Windspiele, Wasserläufe, Vogeltränken und Brunnen zeigt seine Palette. Die Elemente kommen auf innovative Art zur Geltung.

Spannend ist der Effekt von Bleikristall in seinen Arbeiten, das vorwiegend bei Tischen zum Einsatz kommt. Das hochwertige Schmuckglas hat es dem Handwerker mit kreativer Ader, so schätzt er sich selbst ein, neben den Metallen angetan. Regelmäßig fährt der Meister mit Angestellten zu einer Glashütte in den Bayerischen Wald und verarbeitet das eigensinnige Material. „Ab einem gewissen Punkt lassen wir dem Glas seinen Lauf", beschreibt Föster den Prozess. „Es entstehen Unikate, die an die gefrorene Oberfläche eines Sees unserer Heimat erinnern."

Bei aller Poesie: Auch Nützliches produziert und zeigt Föster seit 1997 in seiner großzügigen Schmallenberger Galerie; darunter vorwiegend Treppengeländer, Pavillons oder Lampen. Hier sind Präzision und Einfühlungsvermögen gleichermaßen gefragt. Welchen Geschmack hat der Kunde? Und lässt sich der Wunsch realisieren? Uwe Föster berät offen und ehrlich in Sachen Preis, Machbarkeit und Wirkung; ist ein Teamplayer auf der Baustelle. Ein Schmied also mit vielen Talenten, der eins besonders kann: Er verewigt mit nützlichen wie dekorativen Formen kunstvoll den Moment.

SCHMIEDE & GALERIE FÖSTER
Uwe Föster
An der Gleier 36
57392 Schmallenberg-Gleidorf
Telefon 0 29 72 / 4 82 45
info@schmiede-galerie-foester.de
www.schmiede-galerie-foester.de

MERTE
METZGEREI
QUALITÄT SEIT 1900
MERTE
WURSTSPEZIALITÄTEN
MERTE
MERTE
1900

GESCHICK, GESCHMACK UND EIN SCHUSS RUM
Moderne Kulinarik kommt vom Metzger Merte

Im Sauerland gibt es eine schöne Tradition: Die Häuser haben Eigennamen; das der Metzgerfamilie Willmes heißt „Merte". Diese Nähe zu gewachsenen Strukturen pflegt Bernd Willmes – Metzgermeister, Kaufmann und heutiger Inhaber der *Metzgerei Merte* – in dritter Generation. Er macht den Rufnamen zum Markenzeichen für sein modernes Kulinarik-Unternehmen, das Großvater Franz im Jahr 1900 gründete und dem er schon damals innovative Züge verlieh. In schlechten Zeiten streckte man die Wurst aus Rinder- und Schweinefleisch mit Kartoffeln. Diese Idee machte satt und schmeckte noch dazu vorzüglich. Verfeinert mit einem Schuss Rum gehört sie bis heute zu den sauerländischen Spezialitäten wie Knochenschinken, Schlackerwurst oder die mehrfach preisgekrönte Fleischwurst im Ring. Auch sonst wurde die *Metzgerei Merte* vielfach ausgezeichnet, zuletzt als gesamtes Unternehmen im Jahr 2013 mit dem Titel „Meister.Werk.NRW.". Das Geheimnis? „Neben handwerklichem Geschick braucht solche Ware beste Ausgangsprodukte, die unsere regionalen Partner aus tiergerechter Haltung liefern", erklärt Bernd Willmes.

Unter der Marke *Merte´s Bistro* erhält man ein großes Sortiment tafelfertiger Gerichte, das ein Team von Metzgern und Köchen saisonal entwickelt. Und noch mehr: Für jegliche Anlässe kreiert *Merte´s Catering & Partyservice* individuelle Menüs oder Buffets. „Schon 1987 haben wir mit Rundum-Service für Feste und Feiern angefangen", erinnert sich Ehefrau Claudia Willmes, übrigens gefragt in Sachen Geschenkideen. Wenn sie nach Wunsch einen Präsentkorb zusammenstellt, ist dieser ein Botschafter für die Vielseitigkeit der Merte-Fachgeschäfte. Aufmerksam beraten erhalten die Kunden hier sorgfältig ausgewählte Feinkost – Fleisch- und Wurstwaren sowie tafelfertige Gerichte; die schmecken auch in vegetarischer Version prima.

SCHWEINEBAUCH 68 / 24
Dieses Rezept finden Sie auf Seite 134

MERTE METZGEREI
Im Brauke 24
57392 Schmallenberg
Telefon 0 29 72 / 97 17 0
info@merte.com
www.merte.com

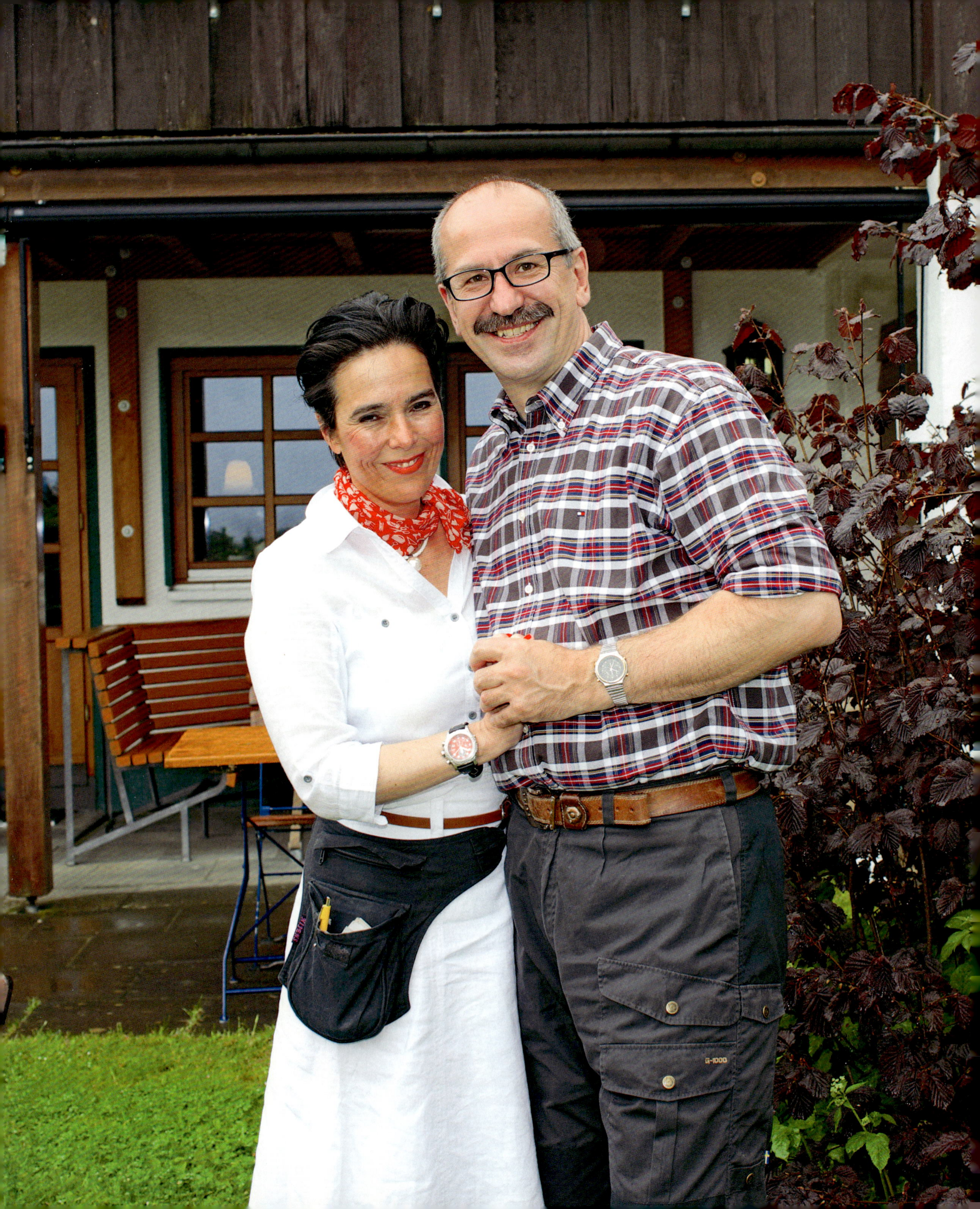

MAL RUNTERKOMMEN AUF 650 METERN HÖHE
Der Schäferhof hütet das Wohlbefinden seiner Gäste

Pass auf Dich auf … Oft hört man diese Bitte oder richtet sie sogar still an sich selbst. Und? Wird man ihr gerecht? Das Vorhaben ist im Alltag schwer umzusetzen – funktioniert aber prima, wenn man sich eine Auszeit gönnt, zum Beispiel mit einem Ausflug zum *Schäferhof* bei Schmallenberg.

Seit 1995 begleitet Familie Grobbel mit authentischer Hotellerie und Kulinarik die Gäste auf dem Weg zur Entspannung. Der Sinn für das Wesentliche verleiht dem Haus seinen typischen Charme. Die Innenarchitektur besticht – saisonal und angenehm zurückhaltend dekoriert – durch hochwertige Holzarbeiten im Stil einer Almhütte. Alle Räume sind hell gehalten und geben den Blick frei auf die zauberhafte Landschaft; gleichzeitig vermitteln sie heimelige Geborgenheit. Für jedes Bedürfnis gibt es das passende Zimmer – von kompakt bis großzügig und immer mit modernem Bad kombiniert.

Und auch die Speisen übertreiben an keiner Stelle; man legt viel Wert auf Qualität und Regionalität der Produkte: „Die Küche transportiert geschmacklich die ehrliche Art des Hauses." Das Küchenteam verwöhnt den Gaumen der Hotelgäste und von spontanen Besuchern bereits mittags, zum Kaffee oder am Abend. Deftiger Eintopf, feiner Fisch, zartes Fleisch und vegetarische Gerichte sowie hausgemachte Kuchen: Die kleine Karte zeigt erstaunliche Vielfalt. Dazu empfiehlt sich ein Schluck Wein aus dem gut sortierten Keller. Aber auch Brot mit Käse oder die Suppe der Saison schmecken wie ein kleines Festmahl – vor allem nach einer Wanderung. Die kann ganz individuell in Kombination mit Übernachtung gebucht werden. Das Team vom *Schäferhof* berät gerne, plant die Routen, sorgt für Transfer und gibt Proviant mit. Schließlich erfrischen Sauna und Massage, in großzügigen Räumen platziert – der *Schäferhof* behütet sachte das Wohlbefinden im Urlaub.

SCHÄFERHOF
Familie Grobbel
Jagdhaus 21
57392 Schmallenberg
Telefon 0 29 72 / 4 73 34
info@schaeferhof.com
www.schaeferhof.com

RINDERROULADEN
Dieses Rezept finden Sie auf Seite 134

Gar nicht mehr unnahbar: Viele Klöster entlang der Ruhr öffnen ihre Türen, auch die Abtei Königsmünster in Meschede.

Eine große Bedeutung als religiöse Kunst- und Kulturstätte hatte das Kloster Kamp in Kamp-Lintfort für die Region, prägte es doch über Jahrhunderte das spirituelle und kulturelle Leben.

ERLEBBARE KLOSTERGESCHICHTE(N)

Dunkle Gänge hinter dicken Mauern, asketische Schlafkammern, kärgliche Mahlzeiten, schweigende Mönche und eine vage Ahnung von geheimnisvollen Dingen, die sich hinter eben diesen Mauern tun – solche oder ähnlich nebulöse Vorstellungen vom Leben im Kloster sind bei vielen Menschen noch weit verbreitet. Inspiriert von literarischen Bestsellern wie „Der Name der Rose" oder anderen mittelalterlichen Schauermärchen.

Heutzutage sieht das Klosterleben jedoch meistens anders aus. Davon konnten sich am „Tag der offenen Klöster", der 2014 zum ersten Mal deutschlandweit stattgefunden hat, auch ganz und gar Ungläubige überzeugen. Auch entlang der Ruhr öffneten zahlreiche Klöster ihre Pforten und gewährten interessante Einblicke in ihren Alltag. Das Fazit vorab: Ordensgemeinschaften sind alles andere als geschlossene Gesellschaften, sondern legen großen Wert auf vielfältige Begegnungen mit der „Außenwelt". Davon, dass die Kirche insbesondere im Leben der Bergleute eine hohe Bedeutung hatte, kann man sich bis heute überzeugen. Die Spuren sind noch deutlich zu erkennen.

Ein lebendiges Beispiel für die Verbindung von Kirche und Kohle ist der 1995 installierte Kreuzweg auf der Zeche Haniel in Bottrop. Auf 15 Bildtafeln wird hier der Leidensweg Jesu nachgestellt, beginnend am Fuß der Halde und gipfelnd auf dem Plateau in fast 160 Metern Höhe. Tisa von der Schulenburg aus dem Ursulinenkloster in Dorsten, genannt Schwester Paula, fertigte die 15 Kupferstiche an. Ergänzend zu den biblischen Darstellungen sind auf dem Halden-Kreuzweg authentische Bergbauexponate wie Presslufthammer oder Lore installiert. Bis heute wandert an jedem Karfreitag eine Prozession den serpentinenartigen Weg entlang, der aber auch an den anderen 364 Tagen im Jahr erklommen werden kann.

Auch die Heilig-Kreuz-Kirche in Gelsenkirchen-Ückendorf steht für die enge Verknüpfung zwischen den Bergleuten und den Kirchen vor Ort. Sie wurde 1929 wegen der wachsenden

Mit dem Nordrhein-Westfälischen Architekturpreis ausgezeichnet: Das „Haus der Stille" wurde 2001 vom Kölner Architekten Peter Kulkaund erbaut und dient als Gästehaus der Abtei Königsmünster.

Zahl katholischer Bergleute, die in den Stadtteil zogen, von dem Architekten Josef Franke errichtet. Die Kirche, seit 2007 außer Dienst gestellt, gilt als eines der bedeutendsten Beispiele des Backstein-Expressionismus. Als gebürtiger Bochumer und späterer Wahl-Gelsenkirchener kannte Franke die Mentalität der Menschen in seiner Stadt bestens. Wer genau hinschaut, findet in dem Gotteshaus hier und da gestalterische Merkmale, die an den Bergbau anknüpfen: Der östliche Kirchturm beispielsweise ähnelt den Malakow-Türmen der Zechen, der Innenraum ist mit baulichen Sinnbildern durchzogen und die länglichen Durchgänge erinnern an die Wegstrecken in den Schächten. Heute ist die Heilig-Kreuz-Kirche ein beeindruckender Ort für Ausstellungen und Konzerte.

Außergewöhnliche Architektur kann man auch bei der hoch über dem Ruhrtal gelegenen Abtei Königsmünster in Meschede erleben. Den Regeln des Heiligen Benedikts folgend bietet der Orden Suchenden einen Ort der Besinnung und der Einkehr. Eigens dafür wurde zu Beginn des neuen Jahrtausends das „Haus der Stille" errichtet, ein bemerkenswerter Bau von Architekt Peter Kulka. Hier lenkt nichts ab vom Wesentlichen – blanker Sichtbeton, verglaste Brücken, die von einer Hausebene zur nächsten führen, sowie Licht und Schatten stellen die einzigen gestalterischen Elemente dar. Ansonsten erfahren alle Sinne echte Ruhe und Beruhigung.

Was vor gar nicht langer Zeit noch als ein Entschleunigungs-Geheimtipp galt, ist heute für viele ein fester Termin im Jahr: die Auszeit im Kloster. Immer mehr Menschen wissen diese Ruhephasen zu schätzen, entfliehen für kurze Zeit der Hektik des Alltags und finden Entspannung hinter Klostermauern. Für die einen ist es ein ersehnter Ort der Stille, für andere eine Möglichkeit, um den Glauben wieder zu stärken. Die einen bleiben nur für eine Nacht, andere für eine ganze Woche. Egal,

Das Kloster Grafschaft in Schmallenberg hat viel erlebt seit seiner Entstehung 1072 – von der Säkularisation über die cluniazensische Reform bis zur Bursfelder Kongregation.

welche Motivation die Menschen zu den Klöstern bringt, ob sie gläubig sind oder nicht – die Ordensleute fragen nicht danach. Für eine kleine Aufwandsentschädigung pro Nacht bekommt jeder Gast ein warmes Bett, etwas Gutes zu essen und ein offenes Ohr. Fernseher, Radio, Minibar und Telefon auf dem Zimmer sind bei dieser Art von Alternativurlaub jedoch tabu. Dafür wird es in manchen Ordensgemeinschaften durchaus gerne gesehen, wenn Besucher am alltäglichen Ablauf und den Gebetsritualen teilnehmen. An anderer Stelle teilen sich die Klostergäste ihre Zeit selbst ein. Die Angebote sind vielfältig und reichen von der Meditation bis zum Heilfasten, vom Anti-Stress-Coaching bis zum Schweige-Wochenende. Entlang der Ruhr – von Meschede bis nach Duisburg – bieten viele der hier ansässigen Klöster und Ordensgemeinschaften zahlreiche Möglichkeiten, dem Alltag unter dem Motto „Kloster auf Zeit" für einen Augenblick zu entfliehen.

Raum für Rückzug und Besinnung bieten möchte etwa das Geistliche und Kulturelle Zentrum Kloster Kamp. 2003 wurde es gegründet, um den Kamper Berg weiter lebendig zu halten, und lädt unter anderem zu Klostervesper, Segensandacht und Meditation, aber auch zu Führungen und kulturellen Veranstaltungen ein.

Auch mit ihren kulinarischen Köstlichkeiten oder Handwerksprodukten aus eigener und nachhaltiger Herstellung bieten viele Ordensgemeinschaften kleine Fluchtpunkte im Alltag. Denn der Tag der Brüder und Schwestern ist nicht nur durch Gebetsrituale geordnet, sondern auch durch die Arbeit, ganz nach der Vorgabe „ora et labora – bete und arbeite!".

Die Arbeit in Obst- und Gemüsegärten, Käsereien, Wurstküchen und Bäckereien, Schmiede-, Tischler- und Webwerkstätten gehört seit jeher zum klösterlichen Alltag. Ebenso wie die Herstellung geistreicher Tropfen oder wohlduftender Seifen

Viele Klöster sind von schönen Grünanlagen umgeben wie das Kloster Kamp (links) und das Kloster Grafschaft.

– zum Glück nicht nur zur Selbstversorgung. Die eigenen Klosterläden sind beliebtes Ziel für Touristen und Gäste. Von feinschmelzender Schokolade, über schmackhaftes Vollkornbrot und Pflaumenmus, bis hin zur Gebrauchskeramik, sakralen Schmuck und Seifenschalen hält beispielsweise der Laden der Abtei Königsmünster ein echtes Potpourri eigener Erzeugnisse parat. Wer den Weg zum Kloster scheut, kann sich ganz auf die moderne Kommunikation verlassen, denn auch hier hat der Versandhandel bereits Einzug gehalten.

Wer an einem historischen Überblick über die traditionellen Arbeiten im Kloster, wie die Herstellung von Wolle, Lederwaren, Webtextilien oder das Betreiben der Klosterapotheke, interessiert ist, fährt am besten nach Mülheim an der Ruhr. Im ehemaligen Zisterzienserinnenkloster befindet sich heute ein Museum.

Im wahrsten Sinne historische Schätze findet man in der Domschatzkammer in Essen. Etwa im Jahr 850 wurde hier ein Frauenstift gegründet, um das die heutige Ruhrmetropole gewachsen ist. Später gehörte es zu den großen Familienstiften des ottonischen Kaiserhauses. Zu den kostbaren Exponaten der weit über die Grenzen des Ruhrgebiets hinaus bekannten Domschatzkammer gehört unter anderem die älteste Marienskulptur der Welt, die „Goldene Madonna", sowie die älteste Lilienkrone der Welt. Eindrucksvolle gotische Kunstwerke wie Reliquiare, Kreuze, Monstranzen, Kelche und Handschriften sowie emaillierte Broschen aus der Zeit um 1400 entführen die Besucher in die faszinierende Welt der sakralen Kunst und Kirchengeschichte. Wer sich dafür interessiert, findet diese überall entlang der Ruhr nicht nur in sicht-, sondern auch in erlebbarer Form.

Die Marienkapelle und die heutige Orgel in der Abteikirche des Kloster Kamp stammen aus dem 18. Jahrhundert.

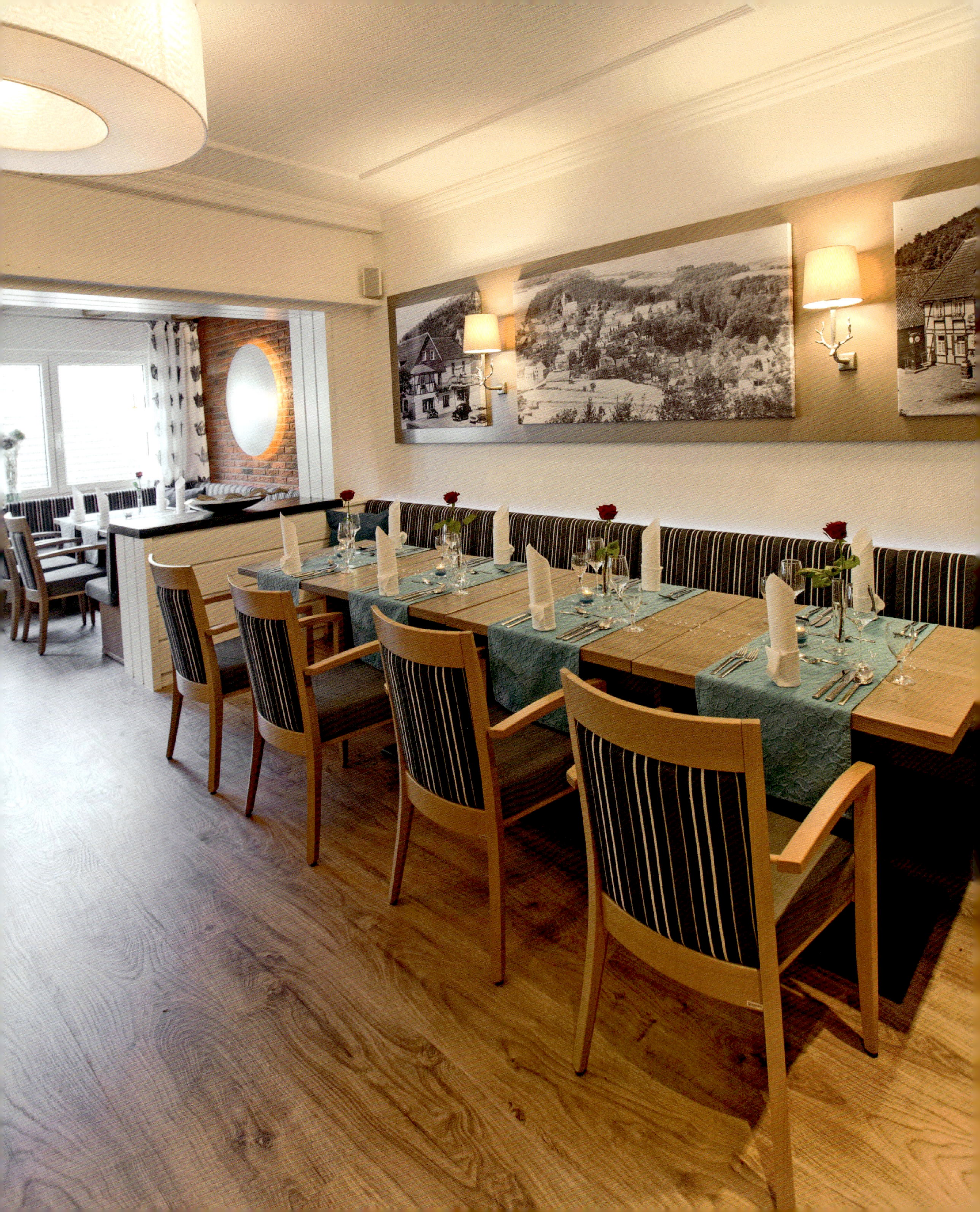

VOM WANDERNDEN HOLLÄNDER
Ein Haus mit Geschichte ist wie gemacht für Entdecker des Sauerlandes

Es war einmal ein Sauerländer Junge, den zog es in die weite Welt hinaus. Ferdinand Mesters wanderte im Jahr 1855 bis ins niederländische Königreich, wurde dort ein guter Kaufmann und kehrte später in seine Heimat zurück … Hier wurde er schlicht „der Holländer" genannt und gründete alsbald den Gasthof Mesters, dem Josef Mesters in der dritten Generation den Namen *Holländer Hof* gab. Das Erbe des fleißigen und findigen Kaufmanns, das die Geschicke des Hauses geprägt hat, schreibt Familie Mesters in fünfter Generation gerne fort. Aus dem ursprünglichen Kolonialwarenladen mit Gaststätte wurde in der vierten Generation unter Leitung von Bernd Mesters ein Hotel und Restaurant, das für sauerländische Werte steht: Bodenständigkeit mit Sinn für Entwicklung. Gut zu erkennen an dem im Sommer 2014 attraktiv modernisierten Restaurant, das mit der urigen und traditionellen Schankstube harmoniert. Ein Erlebnis für so manchen Touristen.

Seit 2012 begrüßt Andre Mesters mit seiner Frau Kerstin Erholungsuchende, die das ausgewogene Angebot von Speisen, Service, Ambiente und Aktivitäten schätzen. Hausherr und Koch Andre Mesters serviert sowohl Einfaches wie hausgemachte Tafelspitzsülze als auch Erlesenes vom Wild. Besonders empfehlenswert im Herbst ist die aromatische Gans. Dazu schmeckt ein frisches Pils der ortsansässigen Veltins Brauerei oder ein Glas Wein.

Nach dem Aufenthalt im individuell eingerichteten Zimmer bestens gestärkt und ausgeruht, geht es am nächsten Tag los: zum Wandern auf den Sauerländer Höhenflug, zum Spaßhaben ins Fort Fun-Abenteuerland oder – und das ist etwas Besonderes – zu Mountainbike-Touren mit Gastgeber Andre. Der teilt sein Hobby gerne mit aktiven Gästen und zeigt Routen abseits der touristischen Ströme. Mit dieser Familie ist und bleibt man in Entdeckerlaune!

HOTEL HOLLÄNDER HOF
Familie Mesters
Ohlstraße 4
59872 Meschede-Grevenstein
Telefon 0 29 34 / 96 13 0
info@hotel-hollaender-hof.de
www.hotel-hollaender-hof.de

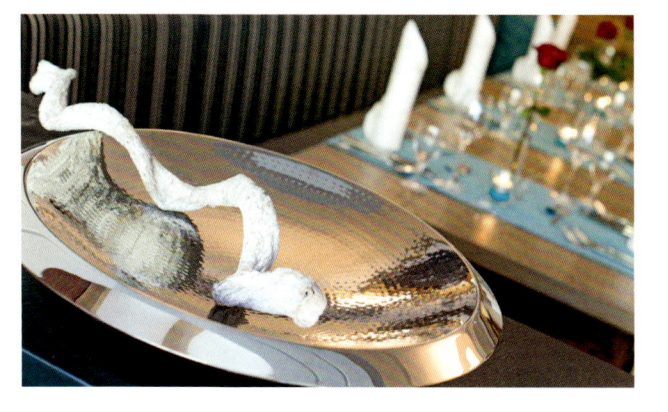

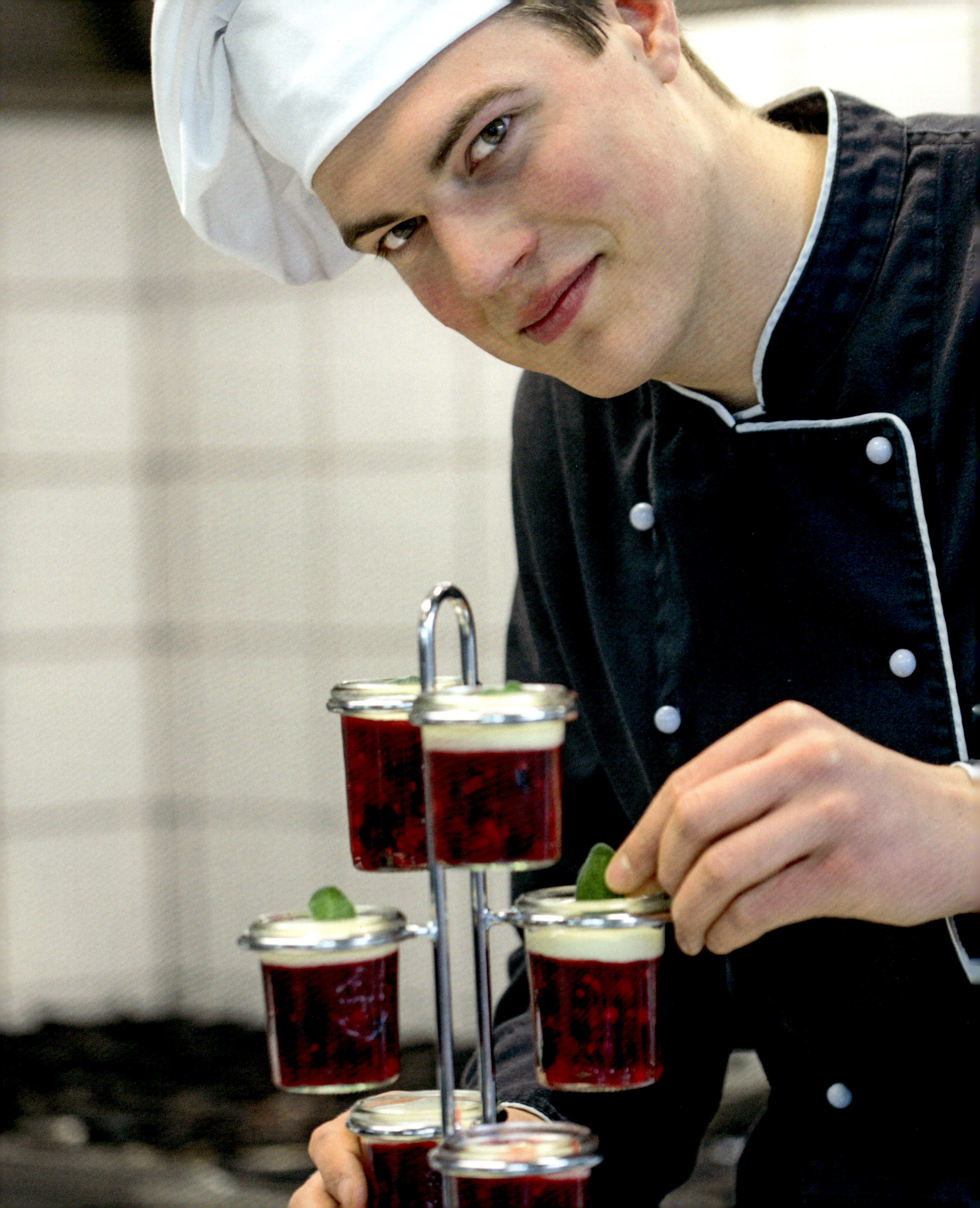

AUF DIE GABEL, FERTIG, LOS!
Nicht nur für die perfekte Party ist dieser Service gut

Das Kochen hat Marcus Mues wohl im Blut. Schon sein Vater Reinhold versorgte, neben dem Betrieb einer urigen Bierkneipe, die Bewohner von Meschede anlässlich von Festivitäten mit allem, was die bürgerliche Küche im Sauerland zu bieten hat. Rinderroulade, Sauerbraten und das allseits beliebte Schnitzel gehören auch heute noch zu den beliebtesten Speisen im Angebot von *Partyservice Mues*.

Marcus Mues verspürte schon kurz nach seiner Ausbildung zum Koch das Bedürfnis, sein eigener Herr zu sein, und gründete das Catering-Unternehmen. In seiner Profiküche arbeitet inzwischen eine sechsköpfige Brigade; darunter ein indischer Koch, der die Menüvorschläge um exotische Noten bereichert. Manch traditionelles Gericht der Region wird im Laufe der Zeit abgewandelt. Ähnlich dem „Spanisch Fricco". Der westfälische Eintopf, iberisch inspiriert, besteht aus Fleisch, Kartoffeln und Zwiebeln, wird mit Rotwein sowie Sahne abgelöscht, zum Köcheln sich selbst überlassen und schließlich gegart mit Birne oder Salzgurke serviert. Ein Tipp von Marcus Mues, der wohl nicht mehr lange geheim bleibt. Sonst wählt man aus kalten oder warmen Buffets, Salaten, Suppen sowie Grillspezialitäten.

Ob für Hochzeit, Jubiläum, Betriebsfeier oder Schulung: *Partyservice Mues* liefert die gewünschten Speisen, Getränke und vieles mehr. „Der Partyservice ist inzwischen auch Eventmanagement", weiß Mues. Die Kunden planen mit ihm nicht nur die Kulinarik, sondern auch Dekoration und Ausstattung der Veranstaltung.

Essen mit Lebensqualität – so lautet das Credo und wird durch die Küche von Marcus Mues schon den Kleinsten vermittelt. Er beliefert täglich Kindergärten und Schulen mit gesunden und abwechslungsreichen Speisen wie Kohlrouladen, Reibeplätzchen und Pfannkuchen. Gutes Essen? Scheinbar kinderleicht.

PARTYSERVICE MUES
Marcus Mues
Caller Straße 10
59872 Meschede-Wallen
Telefon 0 29 03 / 60 81
info@partyservice-mues.de
www.partyservice-mues.de

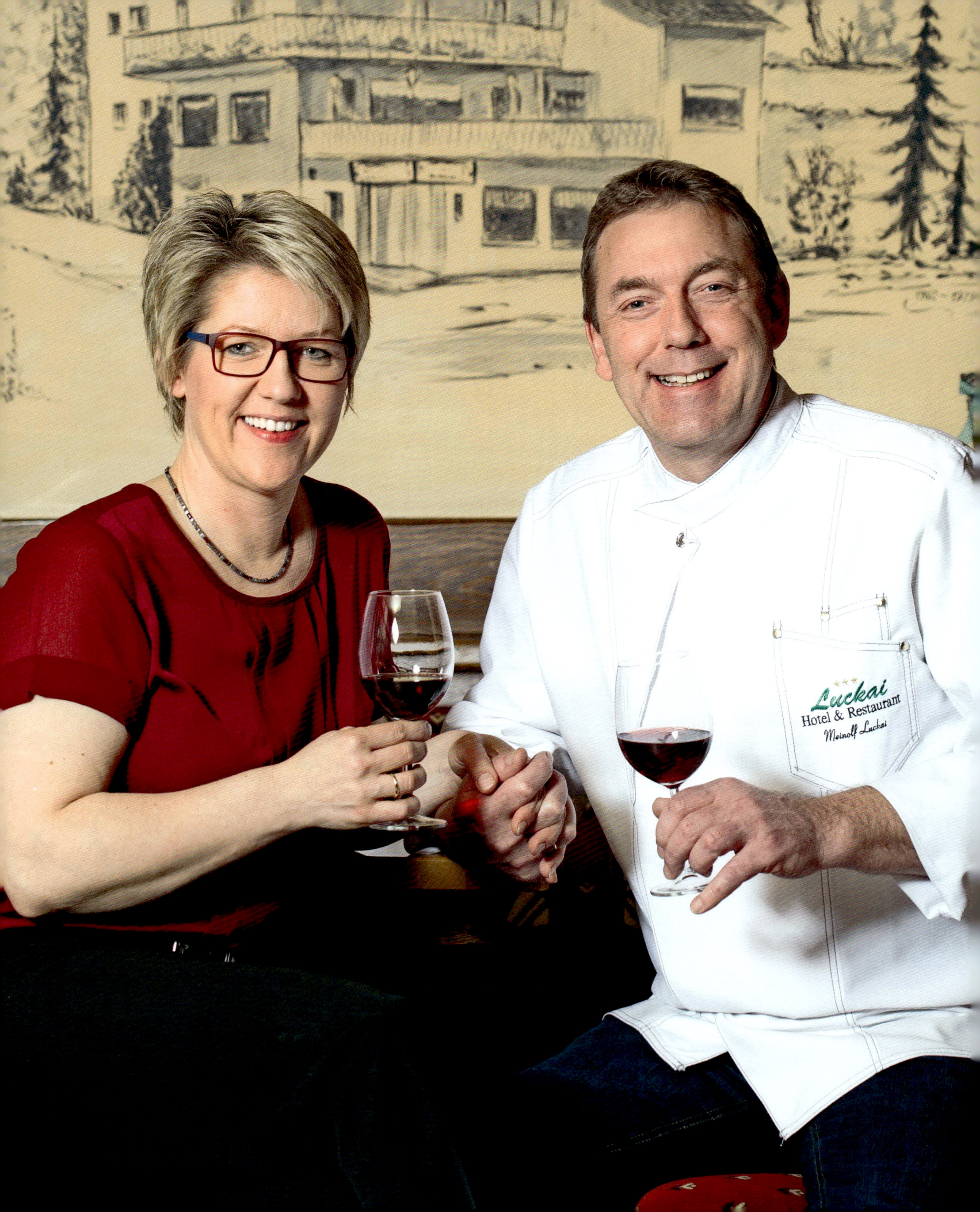
Luckai
Hotel & Restaurant
Meinolf Luckai

DIESES HOTEL MACHT SEINE GÄSTE MOBIL
Wo Wanderer, Biker und Radler beste Erfahrungen sammeln

Bei Kilometer 55 hört man ein glückliches Schnaufen: Die erste Etappe des RuhrtalRadwegs ist geschafft. Startpunkt: morgens an der Ruhrquelle. Endpunkt: das *Hotel Luckai,* also dort, wo die Erholung sofort beginnen kann – sowohl für Mensch als auch Gefährt.

Gastgeber und Koch Meinolf Luckai hat ein Herz für mobile Menschen. Er kümmert sich zum einen exzellent um das leibliche Wohl seiner Gäste mit einer bodenständigen deutschen Küche, die schon mal Ausflüge ins mediterrane oder asiatische unternimmt. Zum anderen sorgt er dafür, dass die Räder am nächsten Tag einwandfrei funktionieren – von Flickzeug über Luftpumpe bis zur Ladestation für E-Bikes. Daneben hat sich Luckai als passionierter Biker in der Szene einen Namen gemacht. Motorradfahrer steuern das zertifizierte Bikerhotel mit gut sortierter Werkstatt und einem individuell ausgearbeiteten Routenprogramm gerne an. Abends kommt der Koch so richtig in Fahrt, wenn er des mobilen Menschen liebste Speise – das Grillgut – überraschend inszeniert. Er dämpft Buntbarsch im Bananenblatt, brät Steaks in der Espressokruste oder füllt selbstgemachte Weizentortillas auf kreative Weise.

„Wir wollen die Erwartungen unserer Gäste nicht erfüllen, sondern übertreffen", bemerkt Luckai selbstbewusst und engagiert sich dafür mit seiner „Sozia" und Ehefrau Ute. Die übernimmt den organisatorischen Part in dem Haus mit 15 freundlichen und modernen Zimmern. Sie kümmert sich auch um den familiären Service. Jeder Gast, und darunter natürlich auch Wanderer, erhält ein stärkendes Lunchpaket für die nächste Etappe. So eine herzliche Aufmerksamkeit macht den Abschied schwer. Darum der Tipp: wiederkommen – auch bei schlechtem Wetter. Das Ehepaar Luckai hält immer passende Ausflugziele bereit.

HOTEL & RESTAURANT LUCKAI
Ute und Meinolf Luckai
Christine-Koch-Straße 11
59872 Meschede-Freienohl
Telefon 0 29 03 / 9 75 2-0
info@hotel-luckai.de
www.hotel-luckai.de

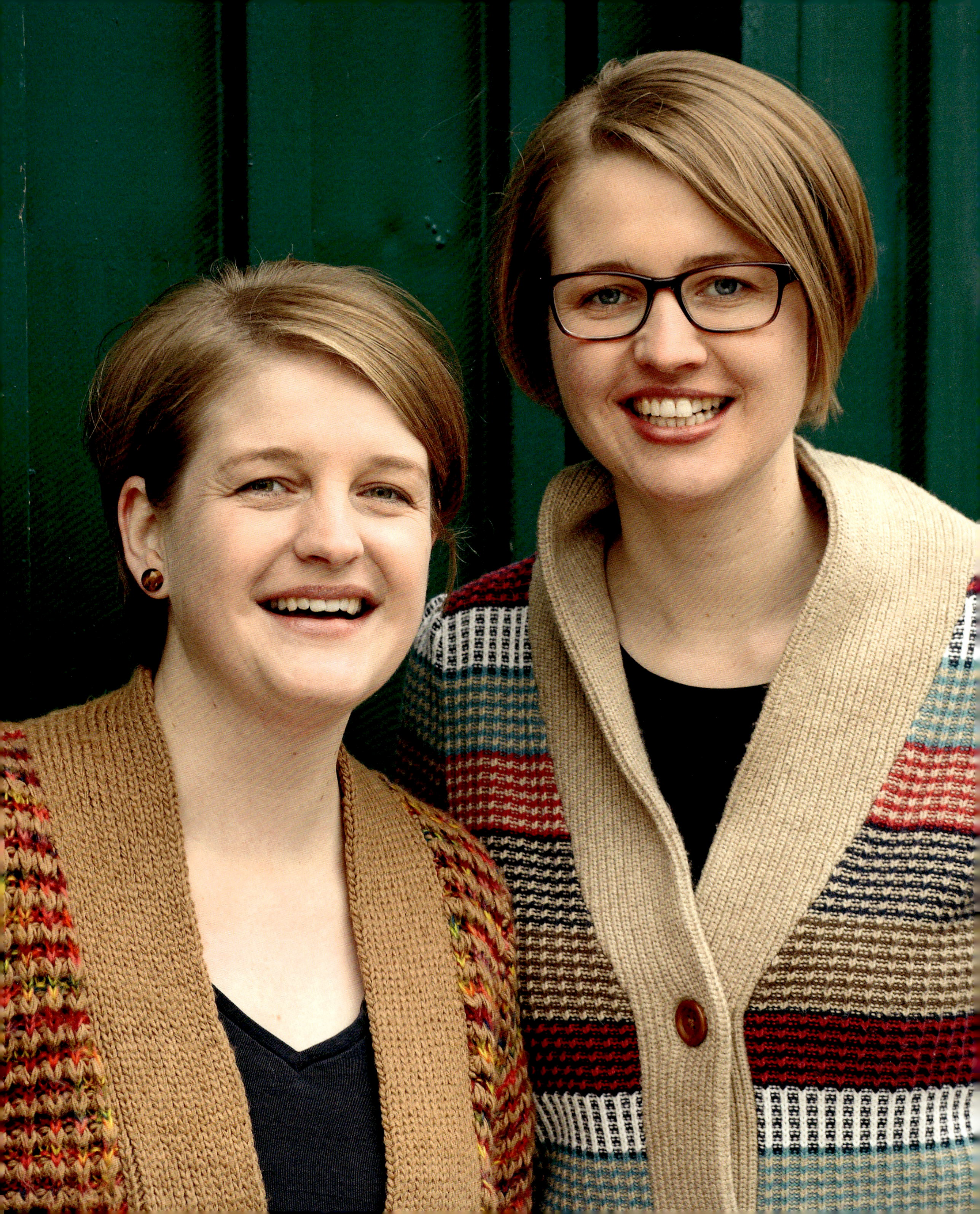

AUS LIEBE ZUM SAUERLAND
Zwei Schwestern teilen ihr Heimatglück

Alexandra, Köchin und Hotelfachfrau, ging nach Nürnberg, London und sogar Malaysia und Südafrika. Sie lernte verschiedene Kochstile kennen und klug zu wirtschaften. Julia wiederum, die es bis nach Schottland, in die Niederlande und die Schweiz zog, machte sich als Hotelkauffrau mit nachhaltiger Wirtschaftlichkeit vertraut. Und jetzt? Die Schwestern sind zurück – im Sauerland. Denn: Sie schätzen das echte Heimatglück im grünen Wenholthausen und ihre Talente ergänzen sich perfekt. „Hier sind wir bei uns selbst angekommen. Die Geschicke eines Hauses weiterzuführen, das bereits 1536 urkundlich erwähnt wurde, macht uns richtig stolz", sagen Julia und Alexandra Seemer von sich. Den sanften Wandel von der Land- und Gastwirtschaft zum *Landgasthof Seemer* hatten die Eltern bereits eingeleitet.

Alexandras Küche ist ebenso wie ihr Wesen im Sauerland verwurzelt. Mit Kräutern aus dem eigenen Garten, Senf aus der Schwerter Mühle und Fleisch von Tieren der Umgebung kreiert sie Köstlichkeiten wie Wildschweinfilet mit Apfelmaronen, Keulenbraten vom Sika-Hirsch oder Ziegenkäsecrostini mit Gartenkräutersalat. Dazu wird eine feine Auswahl an Bieren und deutschen Weinen serviert. „Meine Gerichte sind auf das Wesentliche reduziert. Was zählt, ist der Geschmack", sagt Alexandra mit Überzeugung und erklärt die Arbeitsteilung mit ihrer Schwester: „Ich bin geradlinig auf dem Teller und Julia ist es bei der Planung."

Gemeinsam machen sie den *Landgasthof Seemer* zu einer einladenden Adresse am Wenneufer, wo im Sommer der Biergarten mit rund 120 Plätzen die Besucher, insbesondere aktive Menschen, anlockt. Wer bleiben will, bezieht ein Gästezimmer im Heimatstil und entspannt im Privat-Spa mit Sauna und Whirlpool … der natürliche Charme des Sauerlands – und der Sauerländerinnen – lässt viele wiederkommen.

LANDGASTHOF SEEMER
Alexandra Weißenfels-Seemer und Julia Seemer
Südstraße 4
59889 Wenholthausen
Telefon 0 29 73 / 5 70
info@seemer.de
www.seemer.de

GARTENSALAT LANDGASTHOF SEEMER
Dieses Rezept finden Sie auf Seite 135

Hoch über dem Hengsteysee thront das Denkmal Hohensyburg, das ein Reiterstandbild von Kaiser Wilhelm I. und an der rechten Seite eine Bismarck-Statue zeigt.

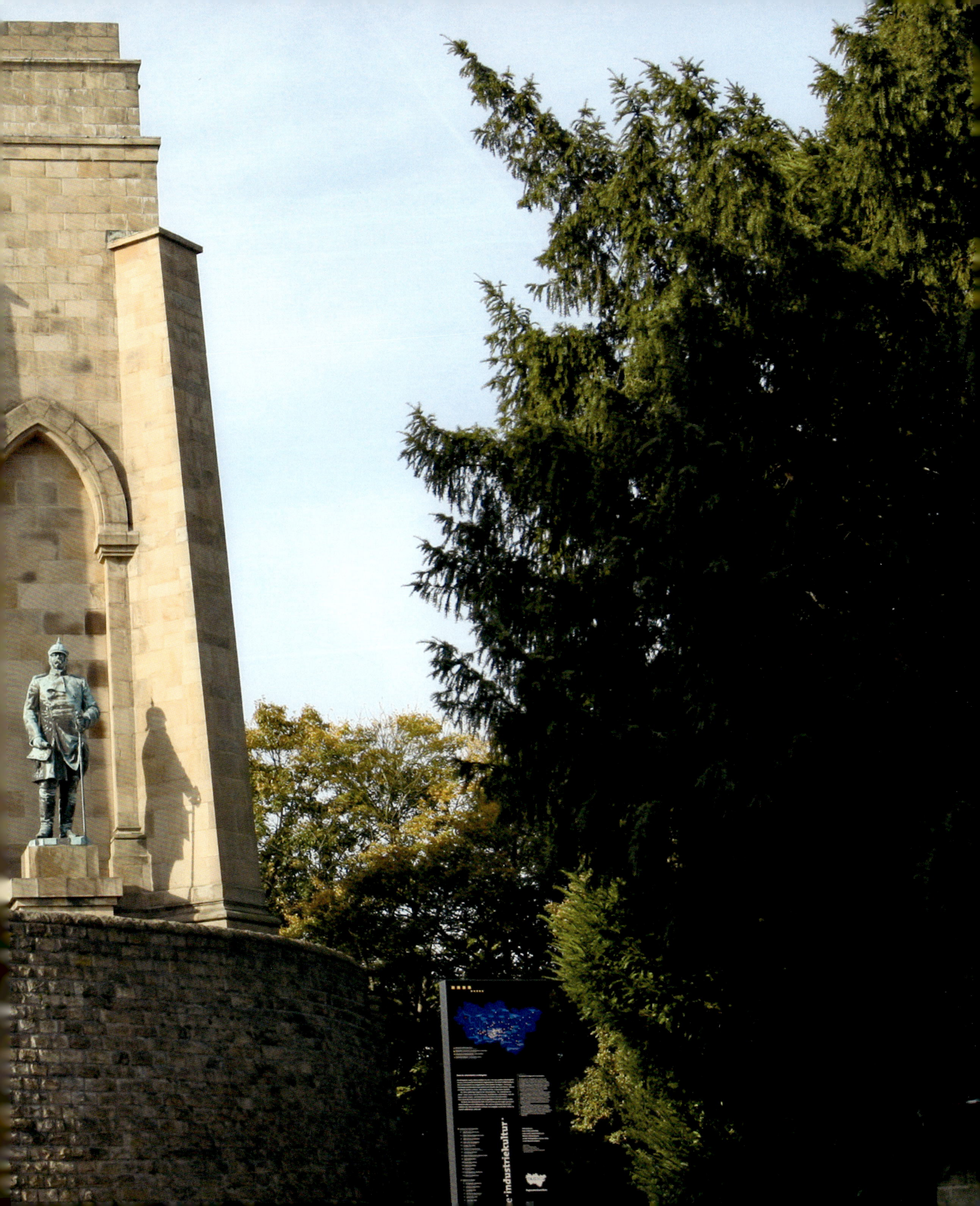

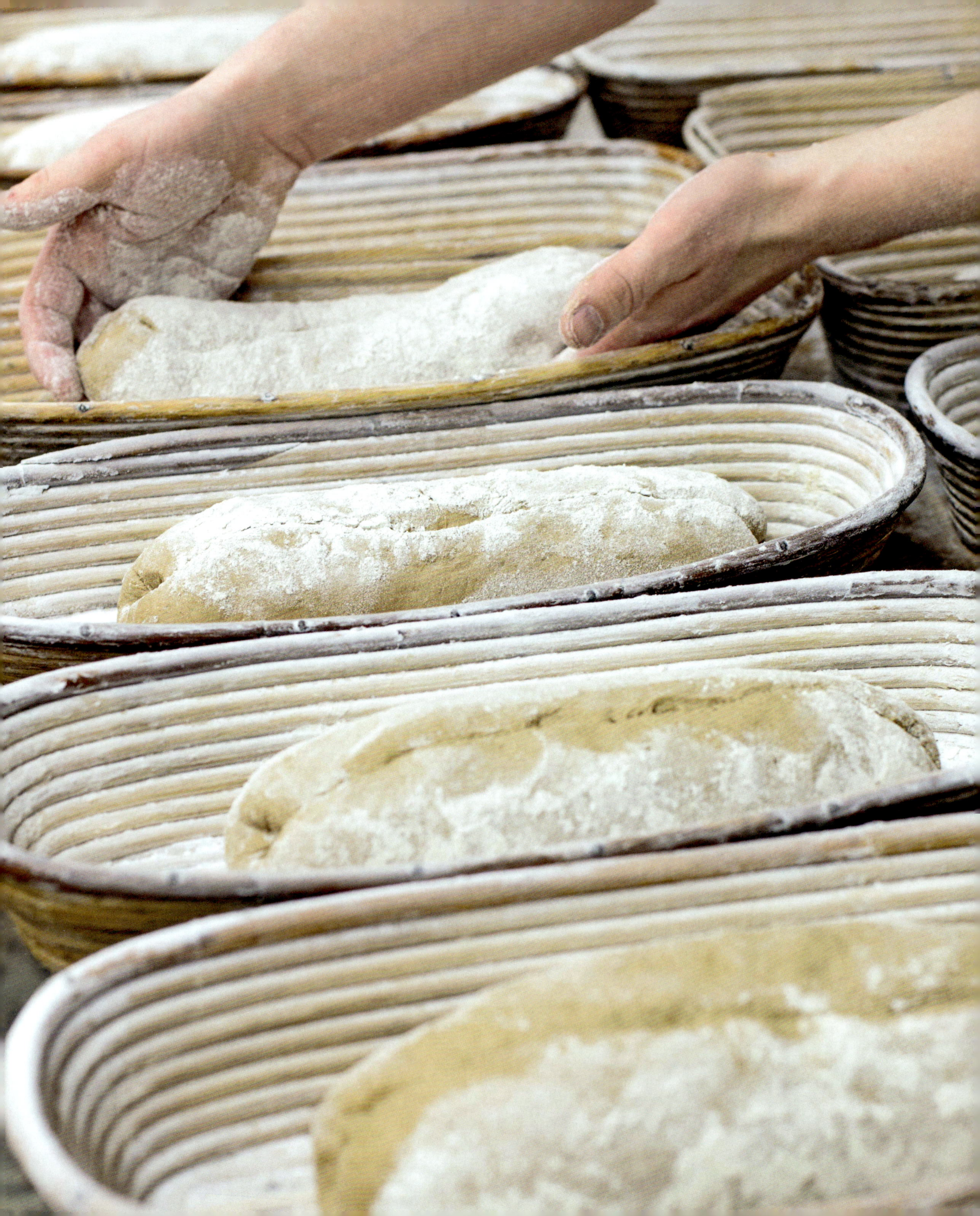

VON WEGEN „HEISSE LUFT"!
In dieser Backstube trifft Tradition auf Handwerk

Wenn in Arnsberg-Oeventrop der Hahn das erste Mal kräht, ist man in der Backstube der *Bäckerei Hahne* schon längst im Gange. Hier herrscht bereits ab zwei Uhr nachts Betrieb. Das fleißige Team fertigt Brote, Brötchen, Weckchen und Hefeteilchen aus frischen Zutaten in handwerklicher Machart. Das sind zum Beispiel klassische Schnittbrötchen, die sich nach ausgiebiger Reifung des Teigs über 20 Stunden hinweg mittels Ober- und Unterhitze zu knusprigen Leckereien verwandeln. „Heiße Luft? Damit arbeiten wir nicht", zeigt Tobias Hahne einen von vielen Unterschieden seiner Produkte zum Angebot von Großbäckereien oder Discountern auf. „Wenn es Sinn macht binden wir neue Techniken ein; ansonsten vertrauen wir dem traditionellen Handwerk."

Der junge Bäckermeister hat während seiner Ausbildung und anschließenden Tätigkeit alle Formen von Bäckereien kennengelernt: vom kleinen Betrieb bis zur Großbäckerei. Regelmäßige Besuche von Fachmessen ergänzen sein Wissen. So gut aufgestellt und mit viel Freude am Beruf ist er im Jahr 2011 in den elterlichen Betrieb eingestiegen. 1902 gegründet gestaltet er das Unternehmen jetzt in der vierten Generation mit.

„Brot gehört zum Lebensglück dazu", pflichtet Vater Bernd Hahne seinem Sohn bei. Der erfahrene Profi zieht sich zwar langsam aus dem Tagesgeschäft zurück, bringt aber seinen Sinn für die Bedürfnisse der Kunden weiter mit in den Berieb ein. So bietet die *Bäckerei Hahne* in den sieben Verkaufsstellen zwischen Arnsberg, Oeventrop, Freienohl und Eversberg auch trendgemäß Backwaren mit Dinkelmehl oder Brötchen in vielen Varianten. Aber an ein kräftiges Doppelback oder ein aromatisches Roggenmischbrot – einfach und ehrlich im Geschmack – kommt so schnell nichts ran. Diese Spezialitäten versendet die *Bäckerei Hahne* sogar an Kunden nach Bayern. Servus Geschmack!

BÄCKEREI HAHNE
Familie Hahne
Glösinger Straße 26
59823 Arnsberg
Telefon 0 29 37 / 4 74
th@backhandwerk-hahne.de
www.backhandwerk-hahne.de

ROGGENMISCHBROT
Dieses Rezept finden Sie auf Seite 136

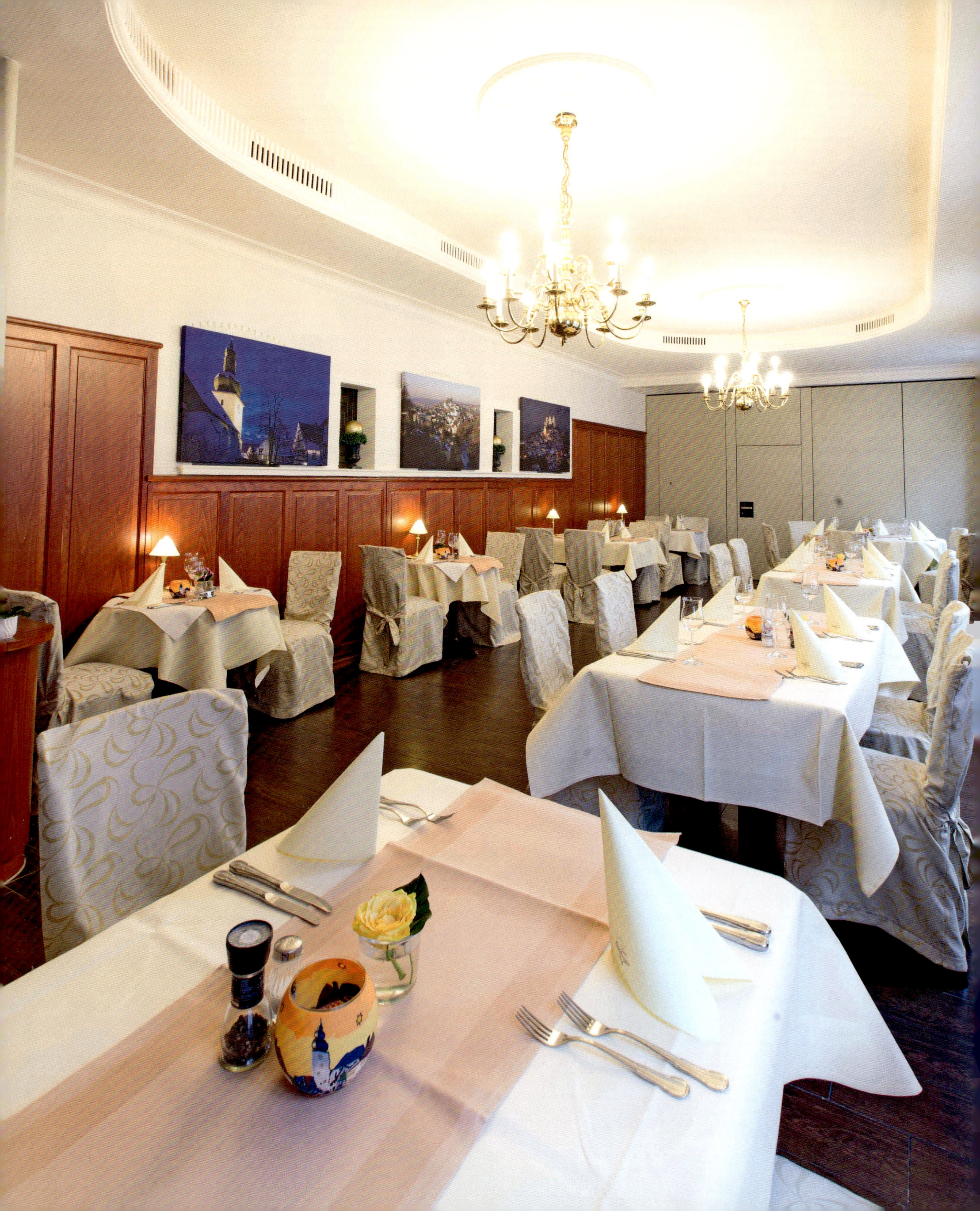

WEIL ES EINFACH GUT SCHMECKT
Ein Traditionshaus setzt auf biozertifizierte Küche

Mit goldenen Lettern und frischem roséfarbigem Anstrich zeigt sich das Hotel-Restaurant *Zum Landsberger Hof* im historischen Zentrum von Arnsberg. Das traditionsreiche Haus mit 14 Zimmern ist für Besucher des Sauerlandes strategisch bestens gelegen. Von hier sind es nur ein paar Schritte bis zum Schlösschen Landsberger Hof, in dem das Sauerland Museum beheimatet ist, ein paar Fahrradminuten bis zum RuhrtalRadweg und ein paar Gehminuten bis zum Stadtforst Eichenholz.

Aber eigentlich mag man die familiäre Atmosphäre der gastlichen Unterkunft gar nicht so schnell verlassen, denn eine ausgezeichnete Küche lädt zum Verweilen ein. Der erfahrene Küchenchef Klaus Willmes ist 2005 nach Lehr- und Wanderjahren hierher zurückgekommen und verwirklicht seine Idee der ressourcenschonenden und schmackhaften Kulinarik. Dieses Wirken mit Produkten aus ökologischer Landwirtschaft ist seit 2010 offiziell anerkannt und vor allem: Es schmeckt den Gästen einfach. Serviert wird im rustikalen Ambiente der gemütlichen Gaststube oder vor dem Kaminofen. Für größere Anlässe steht ein Saal zur Verfügung, der viel Licht hereinlässt und gediegene Eleganz zeigt.

Auf der Karte findet man immer Regionales wie Sauerländer Blutwurst; der Saison entsprechend bietet Klaus Willmes außerdem hausgeräucherte Forelle mit Limonenpesto oder Hirschroulade in Rübenkrautjus. Das Biofleisch gart der Koch mit Sinn für Qualität gerne schonend im Sous-Vide-Verfahren. „Diese regional-deutsche Küche mit modernen Akzenten macht unseren Gästen viel Freude", weiß Klaus Willmes und empfiehlt außerdem seine selbst gefertigte Rinderwurst – natürlich in Biofleischqualität. Die ist deftig und schmeckt bei einem aktiven Abend in der ältesten Kegelbahn von Arnsberg, die auch zum Haus gehört. Ein rundum gesunder Urlaub also.

HOTEL-RESTAURANT ZUM LANDSBERGER HOF
Klaus Willmes
Alter Markt 18–20
59821 Arnsberg
Telefon 0 29 31 / 8 90 20
hotel@landsberger-hof.de
www.landsberger-hof.de

BIERGARTEN

Altes Backhaus
Restaurant Cafe

DIE KRIEGEN WAS GEBACKEN!
Einfach zum Anbeißen sind die Ideen dieses Arnsberger Hauses

Märchenhaft romantisch wirkt das *Alte Backhaus* im historischen Kern von Arnsberg. Knusperhäuschen möchte man dieses Gebäude aus dem 17. Jahrhundert nennen – es wird der Bezeichnung von außen wie von innen gerecht. Liebevoll und mit eigener Kraft hat Familie Güldenhaupt die ehemalige Bäckerei saniert und im Jahr 1992 als Hotel-Café-Restaurant eröffnet. Warme Hölzer, dunkelroter Backstein und knarrende Dielenböden bilden ein charaktervolles Ambiente, das den Gast regelrecht in eine andere Welt entführt. Hinter der windschiefen Fassade liegt ein attraktiv verwinkeltes Ensemble verschiedener Räumlichkeiten – von der Gaststube über unterschiedliche Gesellschaftsräume bis zum Hotelzimmer.

„Familiäre Wärme umgibt unsere Gäste. So würde ich mich auch wohlfühlen", gibt Renate Güldenhaupt unumwunden zu. Mit ihrem Mann Werner hat die passionierte Gastgeberin das *Alte Backhaus* im Laufe der Jahre zu einer Top-Adresse in Arnsberg entwickelt. Neben den stilvollen, kuscheligen Zimmern trägt die Küche zum guten Ruf bei. „Einst wurden hier die besten Rosinenbrötchen gebacken. Der Duft versüßte mir den Weg zur Schule", erinnert sich die Arnsbergerin. Diesem leckeren Andenken möchte sie gerecht werden und hat dafür beste Unterstützung: Tochter Nina vertraut sie als Chefköchin, deren Zwillingsschwester Anna-Lena leitet das Restaurant und Sohn Yari-Alexander ist im Service tätig.

Dieses Team verwöhnt den Gaumen von deftig bis fein. Eine Reservierung empfiehlt sich unbedingt während der „wilden Bierwoche", die Wildspezialitäten zum Beispiel vom Sikahirsch bietet. Auch beliebt, weil von besonders privater Atmosphäre: das schmucke Zollhaus auf demselben Gelände. Hier kann man ab sechs Personen „Futtern bei Muttern" oder als verliebtes Pärchen ein „Candle-Light-Dinner" genießen. Solche Ideen schmecken!

HOTEL-CAFÉ-RESTAURANT ALTES BACKHAUS
Familie Güldenhaupt
Alter Markt 27
59821 Arnsberg
Telefon 0 29 31 / 52 20 0
mail@altesbackhaus.de
www.altesbackhaus.de

Hausmacher Spezialitäten

Metzgerei Krengel

GESCHMACK MACHT ERFINDERISCH
Vom Metzger ausgetüftelt: Hausmannskost ohne Zusatzstoffe

Das Rad hat Helmut Krengel zwar nicht neu erfunden, dafür aber den Wurstring. Fast jährlich brilliert der erfahrene Metzgermeister mit neuen Kreationen: Mit Johanniskraut verfeinert er die Leberwurst, Chili gibt seiner Plockwurst angenehme Schärfe und für Kinder hat Krengel sogar eine Knackwurst mit integriertem Ketchup erfunden.

Wer diese „exotischen" sowie sauerländischen Spezialitäten neben klassischen Wurst- und Fleischwaren kosten möchte, fährt nach Sundern-Dörnholthausen. Hier liegt das Geschäft der Familie Krengel, eine Mischung aus Metzgerei, Feinkostgeschäft und Design-Shop. Weniger ist mehr – diese Weisheit gilt nicht bei dem von Gattin Petra Krengel liebevoll dekorierten Laden, greift allerdings dann, wenn es um die inneren Werte der Produkte geht. „Was unserer Wurst fehlt, gibt ihr das besondere Aroma", stellt Helmut Krengel mit einem Augenzwinkern fest: „Wir verzichten nämlich auf Konservierungsstoffe, Phosphate und Stabilisatoren." Über Jahre hat der kulinarische Tüftler an den Rezepten gearbeitet. Textur, Konsistenz, Haltbarkeit – sie stehen konventionellen Produkten in nichts nach. Schmecken dabei ausgezeichnet, sind gesund und allergieverträglich. Das Schweinefleisch bezieht Krengel vom nahe gelegenen Bauern Korte. Der ist ein Innovator in Sachen Schweinemast. Die Tiere füttert er mit einer Mischung aus gentechnikfreiem Getreide eigenen Anbaus, Erbsen, Mineralien sowie Bachblüten, Schüssler-Salzen, Heilkräutern und Kanne Brottrunk. Viel Bewegung, frische Luft sowie regelmäßige Behandlung mit Kräuterölen gegen Hautkrankheiten ergänzen das Programm. Selten, aber wahr und schließlich lecker von Helmut Krengel verarbeitet.

Glücklicherweise gibt es die meisten Köstlichkeiten praktisch im Glas konserviert, als Präsent arrangiert oder – tatsächlich – im 24h-Automat vor dem Haus platziert.

METZGEREI KRENGEL
Petra und Helmut Krengel
Stockumer Straße 40
59846 Sundern-Dörnholthausen
Telefon 0 29 33 / 36 26
metzgerei-krengel@t-online.de
www.metzgerei-krengel.de

Perfekt für Bewegung und kulturelle Hingucker: die Wallanlagen in Soest.

Über kleine Wege und Brücken hinweg und an Blümchen vorbei macht Wandern Spaß.

GRÜNE BEREICHERUNG AUF SCHRITT UND TRITT

Aus grauer Städte Mauern"? Von wegen! Anders als man beim Text des gleichnamigen Wanderlieds annehmen könnte, grünt es dies- und jenseits der Ruhr so schön, dass es eine Wonne ist, das Gebiet zu Fuß oder mit dem Fahrrad zu erkunden. Der große Vorteil der Region: Es wird unterwegs nie langweilig. Wo man gerade noch ein Industriekulturdenkmal besichtigt hat, lauert hinter der nächsten Ecke schon eine grüne Idylle am Fluss, bevor man hoch auf Berge und Hügel steigt, um weite Ausblicke über Landschaften und Orte zu genießen.

Die Touren sind nicht nur abwechslungsreich, sondern bieten für jeden Trainingsstand die richtige Intensität – von flachen Wegen für den Feierabendspaziergang bis hin zu schweißtreibenden Kletterpartien für besonders Sportive. Und das gilt für Radler wie für Wanderer gleichermaßen, da sich die meisten Wege für beide eignen.

Mit einer Länge von beachtlichen 230 Kilometern ist der RuhrtalRadweg eine der schönsten Strecken in ganz Deutschland und zudem weitgehend autofrei. Er führt von der Ruhrquelle im sauerländischen Winterberg bis nach Duisburg, wo die Ruhr schließlich in den Rhein mündet. Auf den ersten Streckenkilometern könnten Ungeübte leicht aus der Puste geraten, denn das Auf und Ab durch die waldreiche Mittelgebirgslandschaft hat es durchaus in sich. Doch keine Sorge: Im weiteren Verlauf wird das Gelände dann ebener, insbesondere auf den Abschnitten, die direkt am Fluss entlang führen. Dabei werden immer wieder kleine Orte passiert, die attraktive Besichtigungsmöglichkeiten bieten und mit zahlreichen Gaststätten und Ausflugslokalen zum Verweilen einladen.

Und noch eine Besonderheit hat der RuhrtalRadweg zu bieten: eine eigene Website. Dort stehen die genaue Streckenführung und weitere Infos zum Download bereit; Tipps zu Übernachtungs- und Einkehrmöglichkeiten erleichtern die Planung.

Ob mit einem Tritt auf den Boden oder in die Pedale – stets bietet die Ruhr dabei eine malerische Kulisse.

Wer auf Nummer sicher gehen möchte, kann sich übrigens auch via GPS führen lassen.

Ein immer wichtigeres Thema wird auch beim Radfahren die Barrierefreiheit, denn auch Menschen mit körperlichen Beeinträchtigungen wollen und sollen die Schönheit der Ruhr erkunden können. Ungefähr ab Olsberg sind die Wege überwiegend barrierefrei, und somit auch Gaststätten und Hotels am Wegesrand in der Regel für Menschen mit Handicap gut zu erreichen.

Ebenfalls von der Quelle bis zur Mündung der Ruhr führt der Ruhrhöhenweg, ein 244 Kilometer langer Wanderweg durch Rothaargebirge, Sauerland, Ardeygebirge und Ruhrgebiet. Will man diese Strecke am Stück schaffen, sollte man vor allem zwei Dinge mitbringen: Zeit und Kondition. Da es den meisten Menschen an beidem mangelt, begnügt man sich lieber mit einzelnen Etappen. Zum Beispiel mit der 17-Kilometer-Tour von der Ruhrquelle bis ins „Rosendorf" Assinghausen, eine leichte Wanderung durch Wälder, Wiesen und Fachwerk-Dörfchen. Oder man unternimmt den knapp 20 Kilometer langen Marsch über das Ardeygebirge, vorbei an der Hohensyburg und quer durch besonders ruhige Waldpassagen, die immer wieder herrliche Ausblicke ins Ruhrtal freigeben. Oder wie wär's mit der fast ebenso langen Etappe zwischen den Essener Stadtteilen Steele und Werden mit spektakulären Weitblicken auf den Baldeneysee und schließlich dem Besuch der Alten Abtei Werden?

Den Radelfreudigen erwarten auch nördlich der Ruhr viele abwechslungsreiche Touren. Die volkstümlich als „Rheinischer Esel" bezeichnete Strecke verbindet die Orte Dortmund-Löttringhausen und Bochum-Langendreer. Dass dieser Radwanderweg fast autofrei ist, verdankt sich dem Umstand, dass er über eine

Von Wasser und idyllischem Grün umspielt wird das Schloss Bladenhorst in Castrop-Rauxel.

alte, stillgelegte Bahntrasse verläuft, die früher wichtige Zechen miteinander verband. Der „Rheinische Esel" ist beileibe nicht die einzige Bahnstrecke, die zum Rad- beziehungsweise Wanderweg umgestaltet wurde. Als solche eignen sie sich auch wunderbar, denn sie verlaufen ohne größere Steigungen und in aller Regel durch attraktive, naturnahe Gegenden. Kurven sind selten, so dass man recht flott und ohne Umwege von A nach B kommt. Weitere Beispiele sind die zehn Kilometer lange Erzbahntrasse von Bochum nach Gelsenkirchen oder auch der Springorum-Radweg, der Stück für Stück ausgebaut wird – er startet an der ZOOM Erlebniswelt in Gelsenkirchen und wird voraussichtlich 2016/17 in Bochum-Dahlhausen auf den RuhrtalRadweg stoßen.

Ebenfalls über eine historische Trasse führt der Radrundweg „Von Ruhr zur Ruhr" auf insgesamt rund 57 Kilometern durch fünf Städtchen im Ennepe-Ruhr-Kreis. Durch hügelige Landschaften ohne nennenswerte Gefällstrecken oder gefahrvolle Kreuzungen geht es erlebnisreich durch Hattingen, Sprockhövel, Gevelsberg, Wetter-Wengern (hier trifft er auf den RuhrtalRadweg) und Witten-Bommern.

Wem die mehreren hundert Kilometer Radwegenetz als sportliche Herausforderung nicht reichen, der verlässt die ausgefahrenen Pfade und brettert querfeldein, über Stock und Stein. Mountainbiken ist längst vom Trend- zum Breitensport geworden. Voraussetzung: Man muss es können! Damit man sich nicht die Haxen bricht und außerdem verantwortungsvoll mit Mutter Natur umgeht, ist es auch hier sinnvoll, durch Übung zum Meister zu werden, sprich: zumindest einen Kurs zu besuchen. Einer der zahlreichen Veranstalter sitzt in der stilvollen Umgebung von Schloss Steinhausen in Witten. Von dort aus hat man

Wasser, Wälder, Wege und Gleise – Weiten, wohin das Auge blickt.

direkten Zugang zum Muttental – ein Eldorado für Mountainbiker und solche, die es werden wollen. Dort, wo einst die Industrialisierung des Ruhrgebiets begann, befindet sich heute eine Fülle technischer Singletracks und spektakulärer Freeride-Abfahrten. Wer's urbaner mag, bucht einen dreitägigen Ruhrpott-Cross, der über 110 Kilometer und insgesamt 3.000 Höhenmeter von Duisburg nach Dortmund führt. Landliebende finden in der Elfringhauser Schweiz ideale Bedingungen für ausgedehnte Mountainbike-Touren.

Apropos Elfringhauser Schweiz: Diese Hügelkette zwischen Hattingen, Wuppertal, Sprockhövel und Velbert ist nicht nur bei Radlern und Motorradfahrern ein äußerst beliebtes Naherholungsgebiet, sondern auch bei denen, die lieber auf Schusters Rappen unterwegs sind. Romantische Bachtäler, bewaldete Hügel, dazwischen Felder und Bauernhöfe und vor allem ein hervorragendes Wanderwegenetz zeichnen diesen Landstrich aus. Die Berge sind mit 300 Metern gar nicht mal so hoch, aber das stete Auf und Ab über teils starke Steigungen sorgt auch bei geübten Wanderern für erhöhten Pulsschlag. Wer ein Päuschen braucht, findet in vielen traditionsreichen Gaststätten Gelegenheit, den Durst zu löschen und den Hunger zu stillen. Ein Schwerpunktgebiet des ökologischen Landbaus ist in dieser Region das Windrather Tal. Fünf Biohöfe sind dort angesiedelt, die fast alle auch einen Hofladen und ein Café angegliedert haben, in denen man herrlich frische Bio-Erzeugnisse einkaufen und genießen kann.

Wo auch immer man sich zwischen Winterberg und Duisburg befindet – das hunderte Kilometer lange Netz von Rad- und Wanderwegen entlang der Ruhr ist ein Paradies für sportliche und gemächlichere Naturgenießer.

Im Baldeneysee bei Essen können Wanderer ihre heiß gelaufenen Füße kühlen.

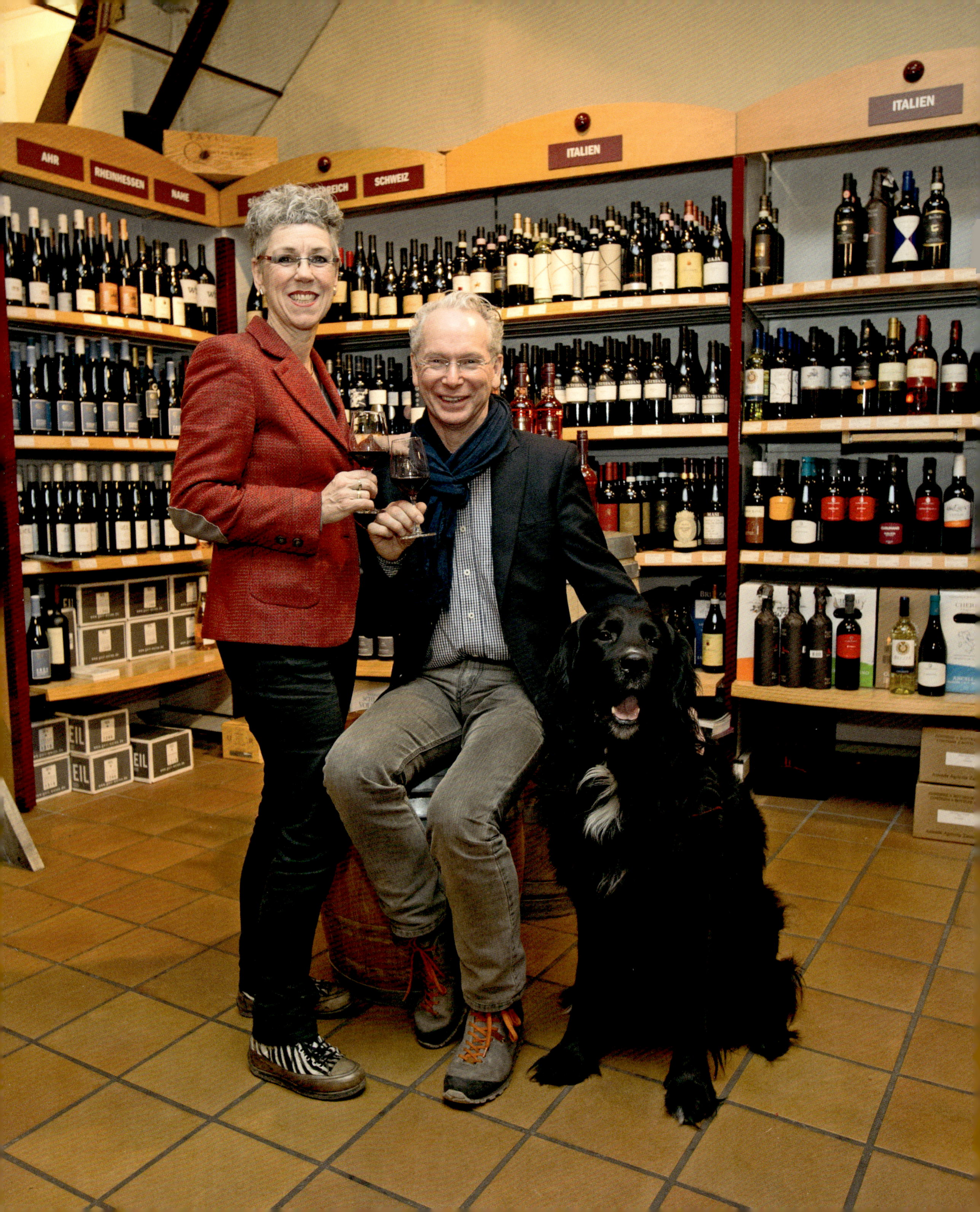
AHR
RHEINHESSEN
NAHE
SCHWEIZ
ITALIEN
ITALIEN

SEKT FOLGT AUF SELTERS
Eine schöne Geschichte von Wein, Tradition und Passion

Sekt oder Selters! Dieses angebliche Dilemma löste Familie Eichelhardt elegant durch einen fließenden Übergang vom einen zum anderen Produkt. 1891 gründete Carl Eichelhardt in Lüdenscheid seine Selters- und Limonadenfabrik, war erster Händler für Gerolsteiner Mineralwasser und erfrischte bald die Lüdenscheider als Betreiber von sieben Trinkhallen. Dieses Gespür für Innovation und die Freude am Genuss scheinen erblich zu sein. Heute führt Urenkelin Jutta Beger das Unternehmen mit ihrem Mann Thomas als modernes Fachgeschäft für Wein, Sekt, Spirituosen und Feinkost.

Schon die luftige Architektur von *Eichelhardts Weinkontor* signalisiert: Wein hat keine Geheimnisse, nur Geschichten. Und die erzählt kaum einer so fesselnd und bildreich wie Thomas Beger. Aus der Musikbranche kommend avancierte er über die Jahre zum geschätzten Sommelier. Einsteiger in das komplexe Thema berät er genauso fair und feinfühlig wie erfahrene Weinliebhaber sowie Spitzenköche der Region. „Respekt für die individuellen Vorlieben der Kunden, Gespür für die Kompositionen der Köche und natürlich der klare Blick auf das Budget – daran orientiere ich mich", erklärt Beger. Mit leicht federndem Gang führt er durch die beeindruckende Präsentation von Champagner, Sekt und Wein klassischer europäischer Terroirs sowie der neuen Welt. Dazu gesellen sich rund 250 Sorten Single Malt Whiskys sowie Grappa, Gin, Rum und Obstbrände. Beger behält den Überblick und geleitet sicher zum persönlichen Genusserlebnis. Das rundet Jutta Beger mit dem Wissen einer passionierten Köchin ab und zeigt ein exklusives Sortiment an Feinkost in *Eichelhardts Weinkontor*. Neben einem spontanen Besuch seien die unterhaltsamen wie lehrreichen Whisky Tastings empfohlen. So hat sich Urgroßvaters Trinkhalle also in das „Haus des guten Geschmacks" verwandelt – wie die poppige Leuchtschrift an der Fassade zurecht verspricht.

EICHELHARDTS WEINKONTOR
Jutta und Thomas Beger
Südstraße 70
58509 Lüdenscheid
Telefon 0 23 51 / 33 86
welcome@eichelhardt.com
www.eichelhardt.com

GIN BASIL SMASH
Dieses Rezept finden Sie auf Seite 136

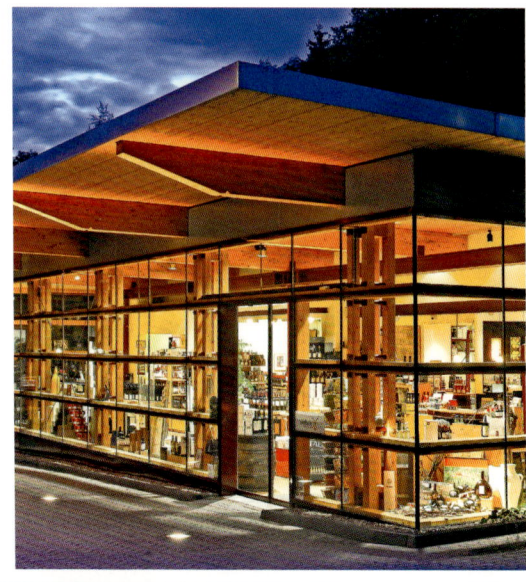

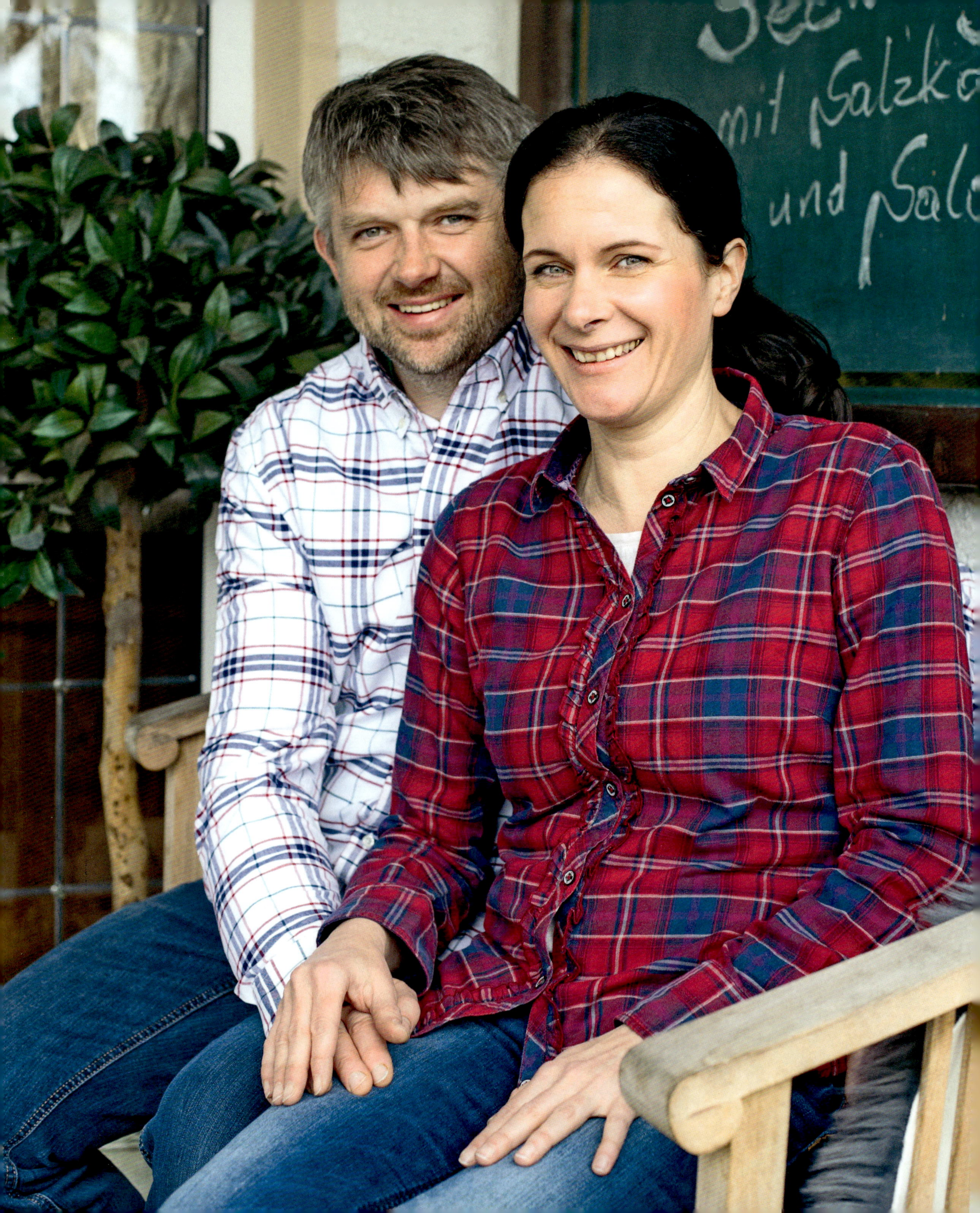

GAST- UND UMWELTFREUNDLICH GANZ OBEN
Wer Abgeschiedenheit und Ursprünglichkeit sucht, ist in Kesbern richtig

Zahlreiche Höhenmeter liegen zwischen der Innenstadt von Iserlohn und dem kleinen, ländlichen Ortsteil Kesbern, in dem sich der 1954 gegründete *Gasthof Daute* befindet. Folgt man der kurvenreichen Landstraße durch ein ausgedehntes Waldgebiet, befindet man sich an ihrem Ende auf 450 Metern über Normalnull und inmitten eines herrlichen Wandergebiets.

„Unsere Wochenendgäste und Kurzurlauber kommen überwiegend zum Wandern und Ausspannen zu uns", berichtet Berthold Daute, der gemeinsam mit seiner Frau Isabell seit 2003 den *Gasthof Daute* mit Restaurant und Hotel leitet. 22 gemütlich eingerichtete Zimmer bieten sie an, die ebenso wie die Gaststätte mit einem schadstoffarmen Holzpelletofen beheizt werden. „Wir achten sehr stark auf die Umwelt und entsprechend auf Nachhaltigkeit", erläutert Inhaber Berthold Daute. Deshalb produziert eine Solaranlage den Strom für das gesamte Haus und kommt ein Großteil der Zutaten für die Gerichte von Produzenten aus der unmittelbaren Umgebung: Gemüse vom Bauern aus Kesbern, Wild direkt vom Jäger und Fleisch vom Metzger aus dem Nachbarort.

Als „gute deutsche Küche mit überwiegend saisonalen Zutaten" präsentiert sich denn laut Küchenchef Daute auch die Speisekarte des Gasthofs. Von der Blutwurstpfanne über einen reichhaltigen Gourmetsalat bis zum Steak vom Angusrind bleiben hier keine Wünsche offen. Unabhängig von der Jahreszeit heißt Familie Daute Gruppen ab fünf Personen zum „Ritteressen" willkommen. In zünftiger Atmosphäre servieren sie sechs deftige Gänge, die allesamt mit den Fingern gegessen werden. Das gefällt großen und kleinen Gästen: Ohne Geschirr und Besteck lassen sie sich Reibeplätzchen, Schweinshaxen und Dampfnudeln schmecken. Wer länger bleiben möchte, bucht das „Ritter-Arrangement" mit Übernachtung, einem Waldpicknick und geführter Wanderung durch die schöne, ruhige Umgebung.

GASTHOF DAUTE
Berthold und Isabelle Daute
Kesberner Straße 24
58644 Iserlohn
Telefon 0 23 71 / 9 04 40
info@gasthof-daute.de
www.gasthof-daute.de

GEBRATENE GARNELEN MIT SCHWARZEN NUDELN
Dieses Rezept finden Sie auf Seite 137

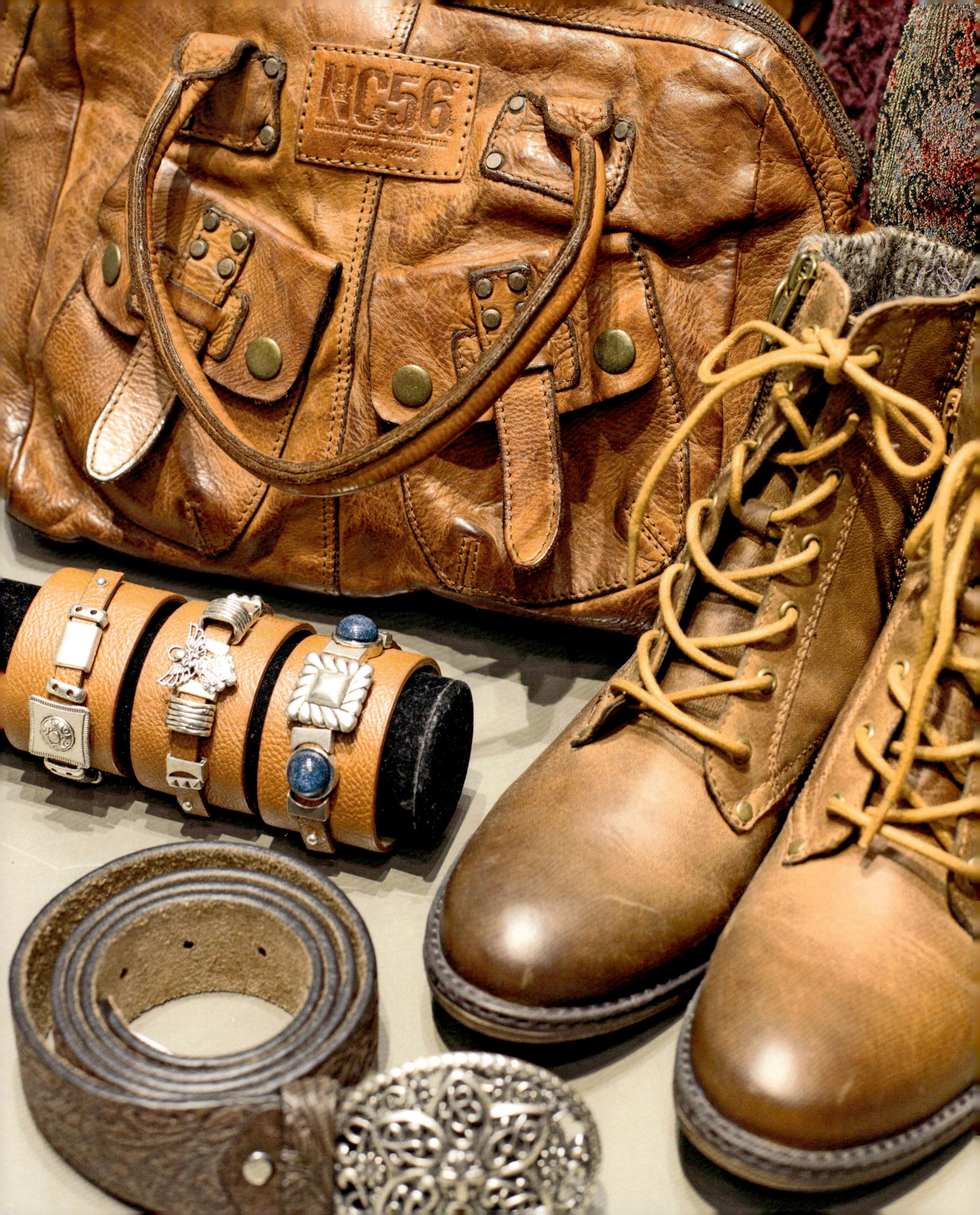
NC56

FÜR FEEN UND ELFEN
Ausgefallene Mode in allen Größen – auf Wunsch sogar nach Ladenschluss

Der erste Gedanke, wenn man *Nette´s Lädchen* betritt? Echt nett hier! Die Doppeldeutigkeit des Geschäftsnamens, der sich aus dem Vornamen seiner Inhaberin Annette Neuert und der Atmosphäre im Laden ergibt, passt perfekt. „Ich biete alles an, was Frauen mögen", sagt Annette Neuert, die mit großer Leidenschaft und persönlichem Engagement ihre Kundinnen berät. Im Sortiment führt sie Mode, Schuhe und Accessoires sowie Raumdüfte, Wohndeko und Geschenkartikel.

Der Clou: In dem schmalen Geschäft in der Schwerter Fußgängerzone gibt es Kleider und Blusen, Hosen und Shirts, Gürtel, Sandalen und Stiefeletten in allen Konfektionsgrößen – von 34 bis 56. So finden hier auch Damenfüße in 43 schönes Schuhwerk und vollere Hüften Gürtel in Längen bis 130 Zentimeter. Und zwar ausschließlich von Marken, die man andernorts vergeblich sucht – darunter dänische Hersteller wie Friendtex, Gozzip, Laurie und Deluca oder die niederländischen Labels Twister und Kyra & Ko. Bei Annette Neuert und ihrem Team sind die Kunden noch Könige, deren Wünsche bestmöglich erfüllt werden. Die beeindruckende Auswahl an Mode für alle Körpermaße kommentiert die Ladeninhaberin so: „Ich führe Mode für schlanke und üppige Frauen – für Feen und Elfen eben." Sich selbst bezeichnet sie augenzwinkernd als Fee und liefert den besten Beweis dafür, dass modische Outfits in großen Größen toll aussehen können.

Übrigens: Wer die dynamische Inhaberin mit ihrer individuellen Beratung einmal ganz für sich (und ein paar Freundinnen) haben will, kann bei ihr eine private Modeparty nach Ladenschluss buchen. Zwischen vier und sieben Fashionistas dürfen ab 19 Uhr nach Herzenslust und bei Kaffee oder Sekt alles anprobieren, was *Nette's Lädchen* zu bieten hat, und obendrein auch noch dabei sparen. Denn ab einer bestimmten Kaufsumme gibt's Prozente. Sehr nett!

NETTE´S LÄDCHEN
Annette Neuert
Mährstraße 13
58239 Schwerte
Telefon 0 23 04 / 9 66 02 50
a-neuert@versanet.de
www.nettes-lädchen.de

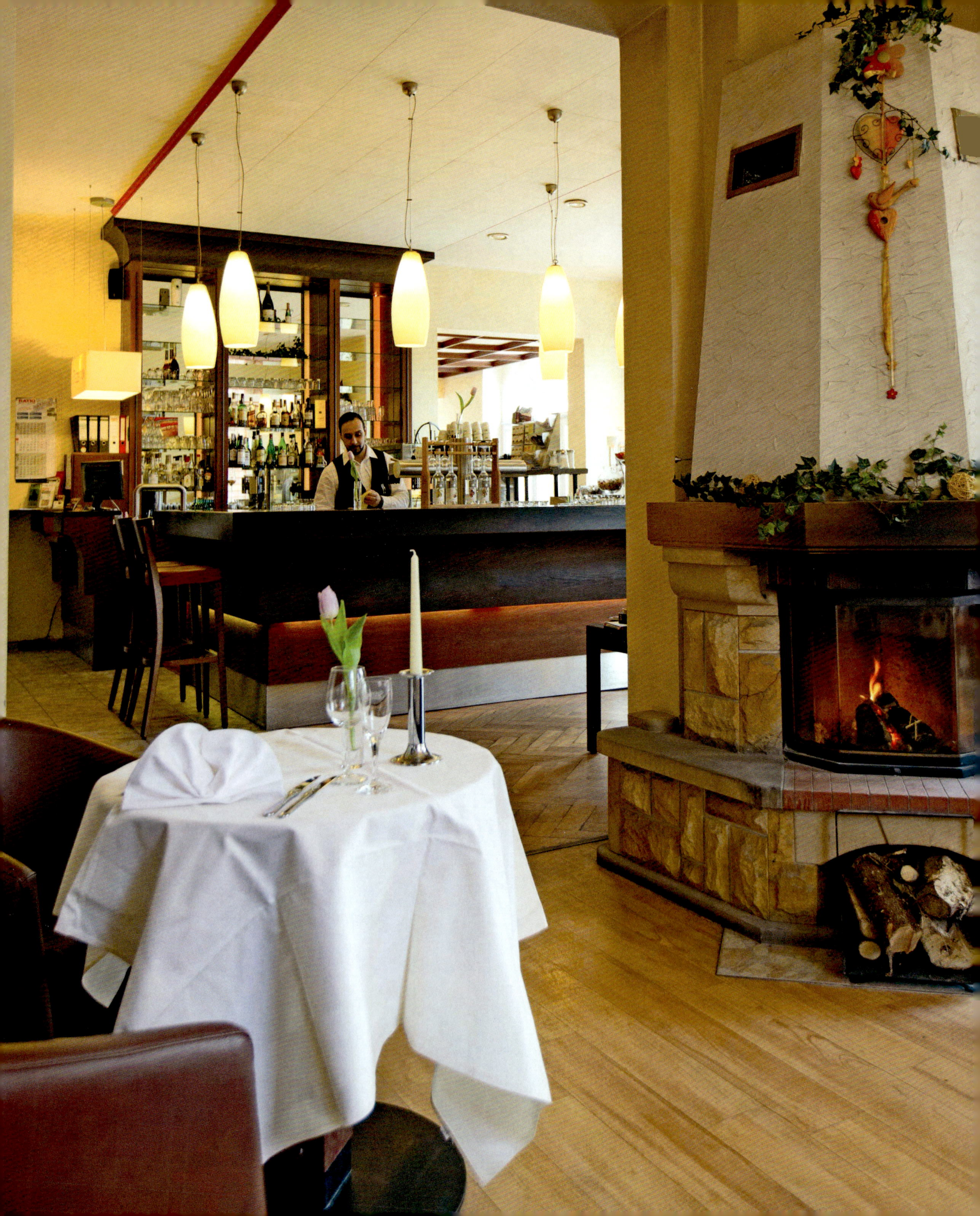

SCHLEMMEN, SCHLAFEN, SONNENSCHEIN
Das Restaurant und Hotel Sunshine macht seinem Namen alle Ehre

Hell und einladend wirkt das schöne alte Backsteingebäude seit seiner Renovierung im Jahr 2005. Ulrich Breer und seine Frau Silke Schürmann haben es vor neun Jahren gekauft und daraus ein sonniges Hotel mit Restaurant gemacht. Wie sein Name „Sunshine" verspricht, dürften die 31 modern gestalteten Zimmer – darunter auch drei Suiten – und eine großzügige Sonnenterrasse das Gemüt der Gäste aufhellen. „Im Sommer stellen wir hier Strandkörbe auf – da kommt sofort Urlaubsfeeling auf", sagt Ulrich Breer.

Für Erholung und Entspannung sorgt auch die unmittelbare Umgebung. Nur ein paar Minuten sind es zu Fuß oder mit dem Fahrrad bis zum Kaiser Wilhelm-Denkmal, dem Spielcasino Hohensyburg oder dem Hengsteysee. Obwohl nur rund 20 Autominuten von der Dortmunder Innenstadt entfernt, gilt der Stadtteil Hohensyburg als echte Freizeitregion.

Nach einer Tour erfreut Inhaber und Küchenchef Breer gemeinsam mit seinem Team die Gäste mit regionalen und mediterranen Gerichten. Für den kleinen Hunger gibt es westfälische Bratkartoffeln oder Gambas in Pastis, als Hauptgang Rumpsteak vom Angus Rind oder Schweinefleisch aus regionaler Züchtung. Außerdem stehen Fischgerichte, Flammkuchen und Edel-Hirschburger auf der Speisekarte. Nachmittags lockt dann der Duft von Kaffee und selbst gebackenem Kuchen. Saisonale Aktionswochen ergänzen das kulinarische Angebot mit herbstlichen Pilz- und Wildgerichten, Sylter Fischwochen oder karibischen Köstlichkeiten.

Gesellschaften bis zu 140 Personen können im Restaurant und dem Eventhaus gegenüber dem Hauptgebäude feiern oder tagen und anschließend glücklich in die Hotelbetten sinken. Sollten die Betten im *Sunshine* mal nicht ausreichen, stehen weitere 15 Zimmer in Ulrich Breers elterlichem Hotel Haus Breer im knapp zehn Minuten entfernten Westhofen zur Verfügung. Toller Service: Ein Shuttle holt und bringt die Gäste.

HOTEL RESTAURANT SUNSHINE
Ulrich Breer
Hohensyburgstraße 186
44265 Dortmund
Telefon 02 31 / 77 49 49 30
info@haus-breer.de
www.sunshine-hotel.de

HIRSCHRÜCKEN UNTER EINER KRÄUTERKRUSTE MIT KARTOFFEL-KÜRBISPÜREE UND KARAMELL-VANILLEMÖHREN
Dieses Rezept finden Sie auf Seite 138

FRIEDE SEŸ DIESEM HAUSE· UND ALLEN DIE DARIN WOHNEN. LUC. 10
1819 DEN 8 NOVEMBER RIS EIN GROSSES FEUER MICH DARNIEDER 1820 DEN 15 JUNIJ STEH IC[H]
HIER NEU ERBAUET WIEDER   FRANS HENR LEPPELMANN GENANNT SCH: WETHMAR
UND MARIA ANNA LEPPELMANN GEBORNE SCH: SCHOMBERG

TRADITION TRIFFT PIONIERGEIST
Ein uraltes Familienunternehmen geht mit Bio-Spargelanbau neue Wege

Welch Idyll! Alte Bäume säumen die Einfahrt, imposante Fachwerkhäuser bilden ein malerisches Ensemble. Seit neun Generationen ist Familie Schulze Wethmar auf dem Bauernhof in Lünen zuhause. Das denkmalgeschützte Fachwerkhaus, in dem die Familie bis heute wohnt und sich auch der großzügige Hofladen befindet, stammt aus dem Jahr 1820. „Alle unsere Vorfahren waren in der Landwirtschaft tätig", erklärt Vitus Schulze Wethmar. Heute betreibt er gemeinsam mit seiner Frau Katharina und den Eltern Elisabeth und Dirk Schulze Wethmar einen Biohof nach den strengen Richtlinien des Bioland Verbandes.

Den mutigen Schritt von der traditionellen Landwirtschaft zu ökologischem Anbau machten seine Eltern 1988. „Angefangen haben wir mit Bio-Spargel: Bundesweit waren wir die ersten, die Spargel ökologisch angebaut und in unserem damals noch sehr kleinen Laden verkauft haben", berichtet der Juniorchef. Nach und nach wurde das Hofladen-Sortiment mit tagesfrisch geerntetem Gemüse und Fleisch aus eigener Herstellung erweitert.

Heute finden anspruchsvolle und interessierte Kunden im *Biohof Schulze Wethmar* ein Vollsortiment ausschließlich ökologisch hergestellter Produkte. Einladend präsentiert werden hier saisonale Obst- und Gemüsesorten, Milch- und Getreideprodukte, Brot, Eier, Konfitüren und Säfte sowie Weine und Fleisch. Und obwohl der Hofladen 200 Quadratmeter groß und das Angebot reichhaltig ist, herrscht eine gemütliche Atmosphäre.

Zusätzlich zum Laden betreibt die Familie einen Stand auf dem Dortmunder Wochenmarkt und das Bio-Café „Alte Kegelbahn" am Schloss Cappenberg. Hier gibt es hausgemachte Kuchen und saisonale Mittagsgerichte. Die Zutaten dafür kommen selbstverständlich aus dem Hofladen. „Wir alle haben großen Spaß daran, gesunde, leckere und frische Produkte zu produzieren und zum Kauf anzubieten", sagt Vitus Schulze Wethmar.

BIOHOF SCHULZE WETHMAR
Vitus Schulze Wethmar
Waldweg 3
44534 Lünen
Telefon 0 23 06 / 5 03 90
info@schulze-wethmar.de
www.schulze-wethmar.de

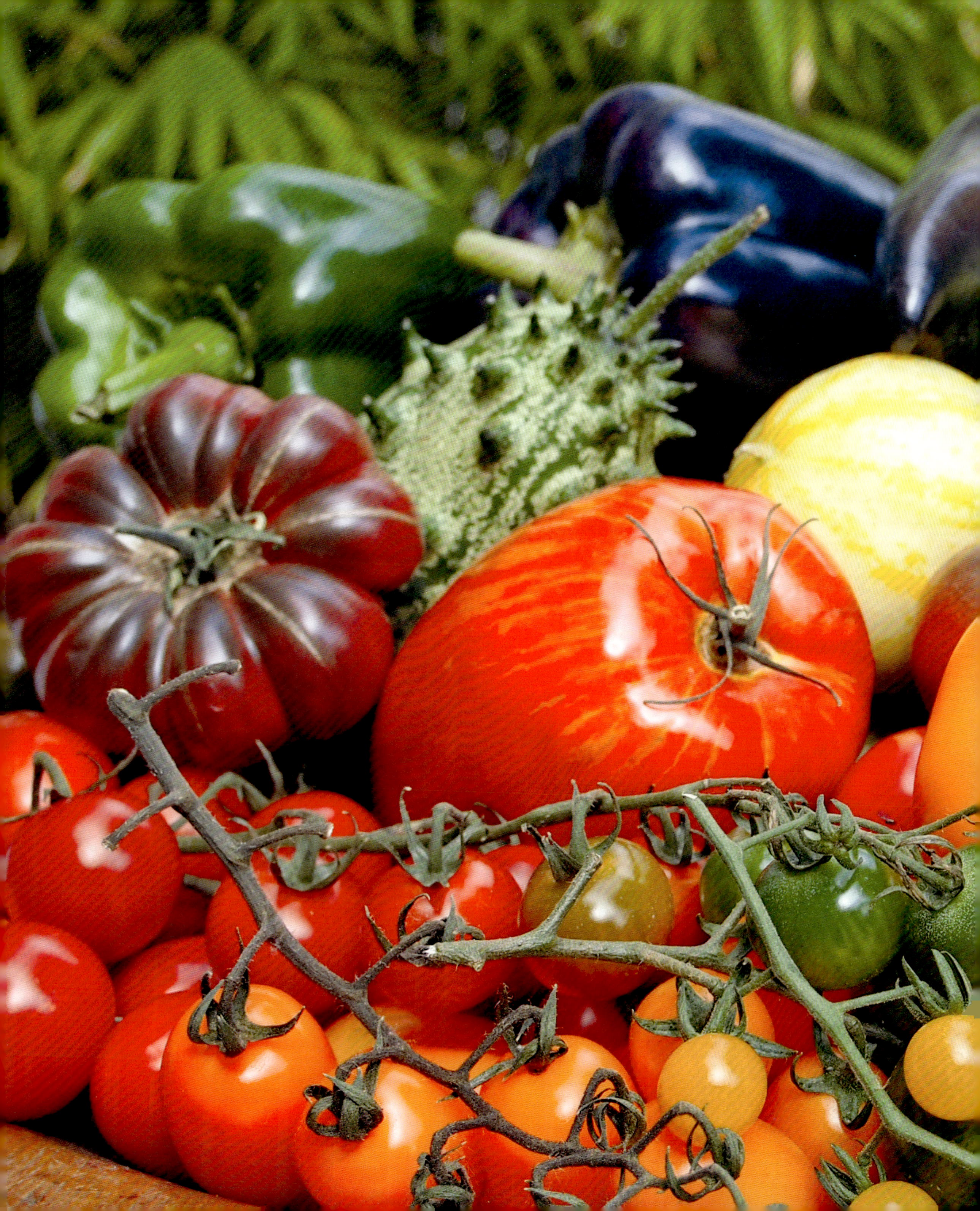

ALTE SORTEN NEU ENTDECKT
Erst Rosen, jetzt Tomaten. Hauptsache natürlich!

Wegener? Ist das nicht der mit den Rosen?" wird Thomas Wegener, Inhaber von *Wegener's Gemüse-Manufaktur*, des Öfteren gefragt. „Stimmt", sagt er dann. Denn Rosen, die seit über 50 Jahren in dem Lünener Familienunternehmen wachsen und verkauft werden, gibt es noch immer. Duftende Gartenrosen ebenso wie Schnittrosen, geerntet wird von April bis November.

Seit rund drei Jahren jedoch hat Thomas Wegener eine neue Leidenschaft entdeckt: hochwertiges Gemüse, das in sauberer Erde wächst, frei ist von Gentechnik und chemischen Pflanzenschutzmitteln und dessen aromatischer Geschmack auch feinste Zungen verblüfft. „Eigentlich wollten wir nur gesundes Gemüse für unseren eigenen Bedarf anbauen", berichtet Thomas Wegener, der den Betrieb mit acht Gewächshäusern von seinem Vater übernahm. Der natürliche Anbau und der gute Geschmack seiner Früchte sprachen sich herum. Heute gehören Privatleute ebenso wie Gastronomen zu seinen Kunden. Sie alle suchen das Besondere.

Inzwischen bieten die Marktstände und der Hofladen von *Wegener's Gemüse-Manufaktur* eine Vielfalt an eigenen Tomaten, Gurken, Paprika, Zucchini, Chili und Auberginen, die man andernorts vergeblich sucht. Alleine 30 Tomatensorten sind darunter – fruchtig süße, besonders festfleischige, winzig kleine oder gelbe-rot gestreifte – zum Teil historische Sorten, die beinahe in Vergessenheit geraten wären. Außerdem Block-, Spitz- oder Apfelpaprika, Chili in allen Schärfegraden, schwarze Zuckererbsen, Horn- und Netzgurken und vieles mehr. Wer will, kann auch Setzlinge für den eigenen Garten mitnehmen. Beruhigend zu wissen, dass all diese aromatischen Leckerbissen ausschließlich mit Regenwasser gegossen werden und die Nährstoffzufuhr in Form von mineralischem Dünger erfolgt. Zu Recht spricht Thomas Wegener davon, dass sein Gemüse „clean" ist.

WEGENER'S GEMÜSE-MANUFAKTUR
Thomas Wegener
In den Hülsen 2
44536 Lünen
Telefon 02 31 / 87 18 97
info@wegener-s.de
www.wegener-s.de

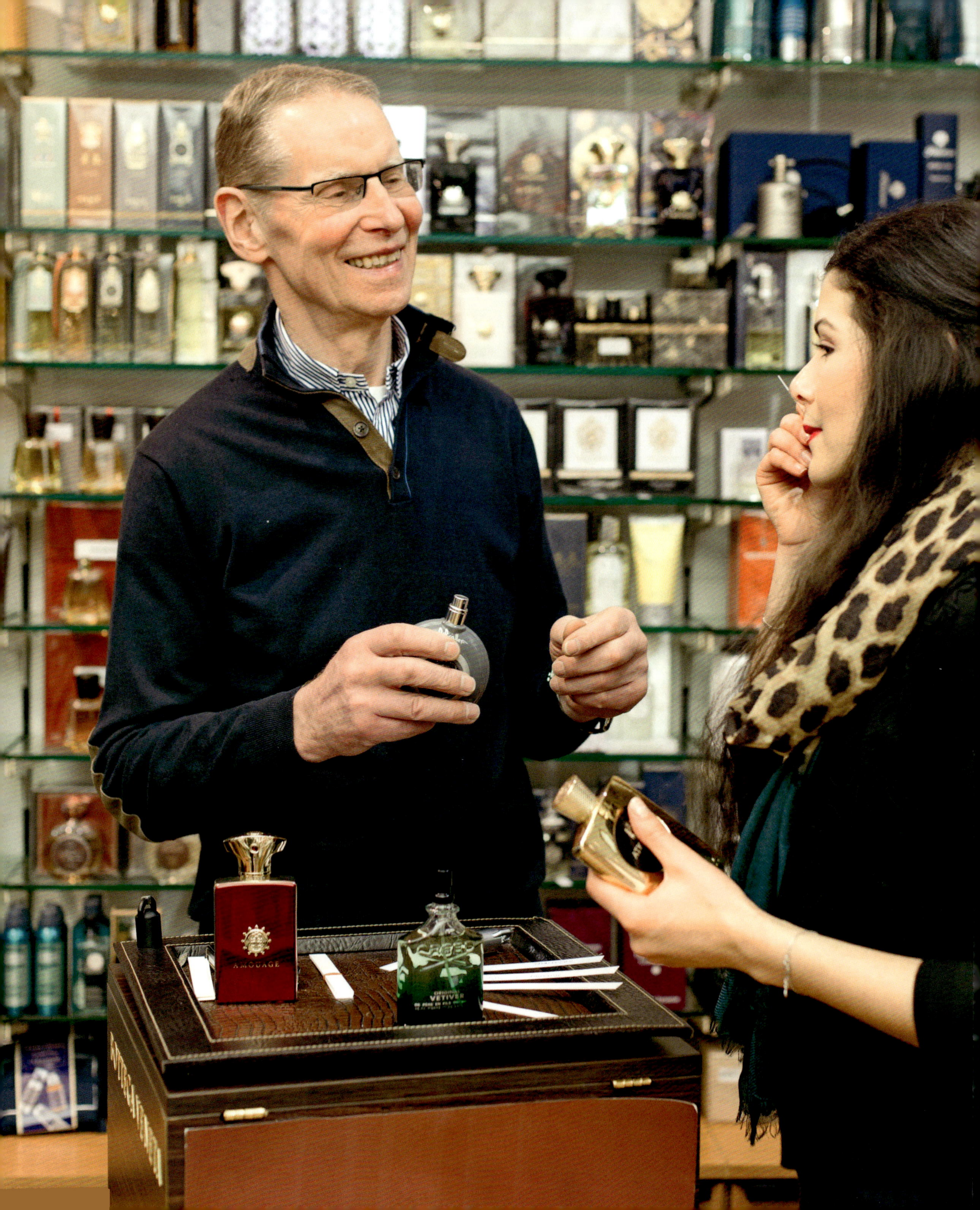
AMOUAGE
VETIVER

DUFTER SERVICE
Seit 50 Jahren spüren Elke und Willi Wigger Kosmetiktrends auf

Mit Superlativen soll man ja vorsichtig umgehen. Doch für die vor über 100 Jahren als Fachgeschäft für Seifen und Waschmittel gegründete *Parfümerie Wigger* gilt: Sie dürfte die am besten sortierte und kundenorientierteste Parfümerie in der Region sein. „Service und nochmal Service" lautet das Credo der beiden Inhaber Elke und Willi Wigger, die trotz ihres fortgeschrittenen Alters noch immer über den richtigen Riecher verfügen, wenn es um feine Duftnoten und individuelle Beratung geht. Gemeinsam mit ihrem Team aus Kosmetikspezialistinnen nehmen sie sich Zeit für ihre Kunden – inklusive persönlicher Begrüßung und frischem Kaffee.

„Ich bin mein Leben lang gereist und habe mir weltweit Parfümerien angesehen", erzählt Willi Wigger. Von jeder Reise scheint er neue Inspirationen mitgebracht und nur die besten Ideen im eigenen Geschäft realisiert zu haben. Denn sowohl das persönliche Gespräch als auch die Auswahl internationaler Produkte sind ein Ausdruck von Luxus, Qualität und Verantwortungsbewusstsein.

Das Sortiment umfasst klassische Düfte großer Marken, vor allem aber außergewöhnliche Produkte, mit denen sich die *Parfümerie Wigger* deutlich von den Wettbewerbern abhebt. In den beiden Ladenlokalen an der Kaiserstraße findet man beispielsweise die luxuriösen Parfums der Briten Clive Christian und Mark Birley, feine Aromen für sie und ihn von Francis Kurkdjian, Amouage, Martine Micallef oder der deutsch-spanischen Marke Loewe sowie Kosmetikartikel von La Prairie. Ergänzt wird die Fülle an kostbaren Flakons durch Naturkosmetikprodukte namhafter Marken wie L'Erbolario, L'Occitane oder Korres – allesamt erhältlich in „Wiggers Kurort" direkt neben der Parfümerie. Außerdem werden Hautanalysen am Computer und professionelle Kosmetikbehandlungen durchgeführt.

PARFÜMERIE WIGGER
Elke und Willi Wigger
Kaiserstraße 100
44135 Dortmund
Telefon 02 31 / 52 49 62
info@parfuemerie-wigger.de
www.parfuemerie-wigger.de

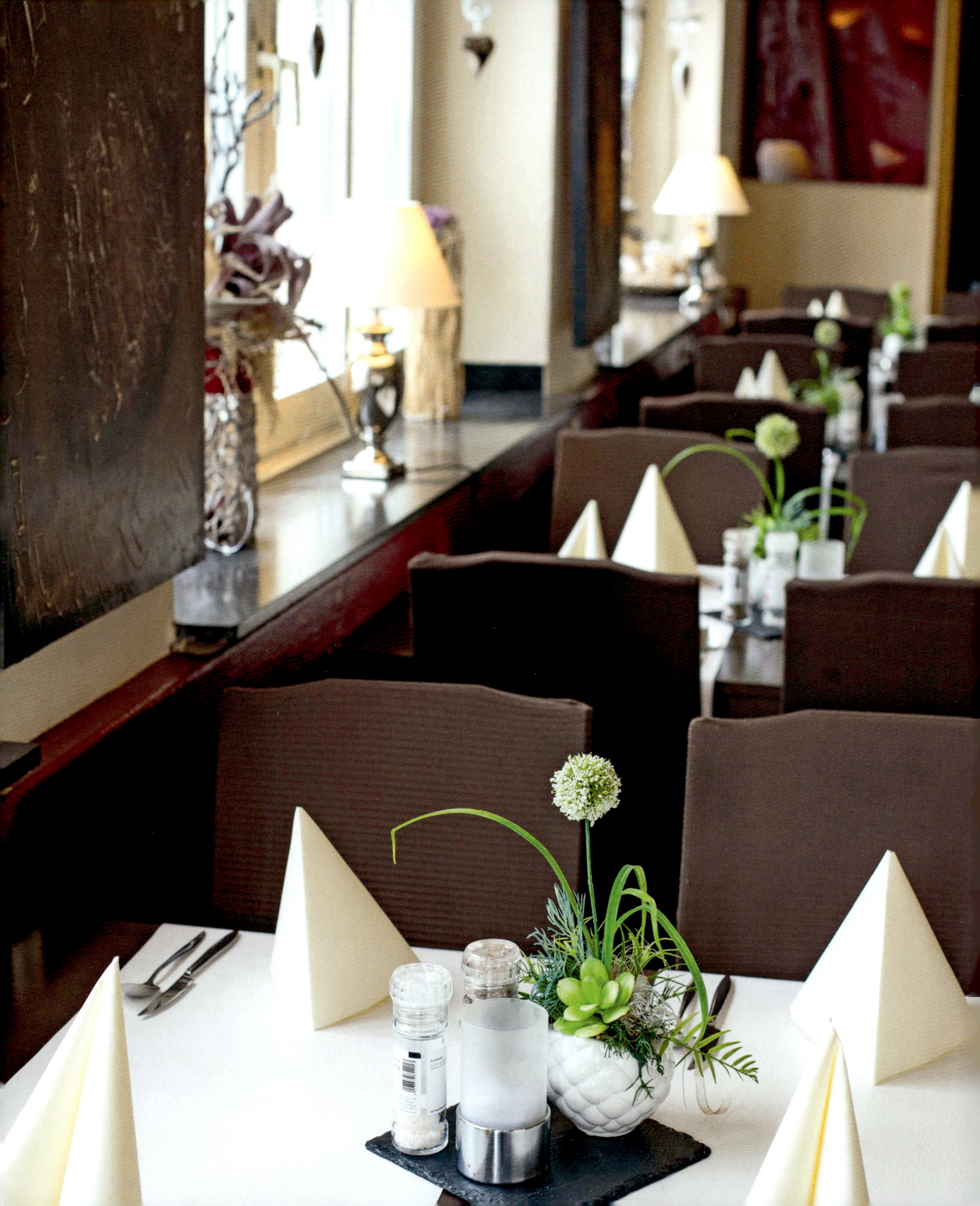

KOCHEN MIT PFIFF
Thomas Jaworek verrät Kindern das Geheimnis einer gesunden Küche

So viel Glück hat nicht jeder Schüler: Alle 14 Tage lädt Thomas Jaworek die Viertklässler der Regenbogen-Grundschule zum Kochen ein – und zwar exklusiv in die Profiküche seines Dortmunder Restaurants *Tom's im Burghof*. „Ich will den Kindern zeigen, wie viel Spaß es bereiten kann selbst zu kochen. Außerdem können sie so die Erfahrung machen, dass frisch zubereitetes Essen einfach besser schmeckt", sagt der Gastronom.

Auf seinem Lehr-Speiseplan stehen deshalb anstatt Pommes und Hähnchen-Nuggets selbst gemachte Nudeln mit fruchtiger Tomatensauce, Schnitzel mit Cornflakes-Panade oder Obstspieße. „Während die eine Hälfte der Klasse kocht, decken die anderen Kinder die Tische im Restaurant", erzählt der Koch und freut sich: „Anschließend essen wir alle zusammen zu Mittag – eine tolle Sache!"

Seine eigene Ausbildung absolvierte Thomas Jaworek unter Sternekoch Holger Stromberg. Nach verschiedenen Stationen in der Gastronomie und Lebensmittelbranche konzentriert er sich nun voll und ganz auf seine große Leidenschaft, das Kochen. Vor drei Jahren schlug er seine Zelte im Mengeder Burghof auf – einem Haus mit 300-jähriger Gastronomiegeschichte. Schon alleine wegen der imposanten Räumlichkeiten – holzvertäfelter Speise- und Festsaal mit langer Tafel und historischer Bleiverglasung – ist *Tom's im Burghof* ein perfekter Ort für Gesellschaften, Feiern und Veranstaltungen.

Wer bei ihm einkehrt, hat die Wahl beispielsweise zwischen Salat- und Schnitzelvariationen, Garnelenpfanne, gegrilltem Rumpsteak oder kross gebratenem Zanderfilet. Ein viergängiges Überraschungsmenü und der üppige Sonntagsbrunch ergänzen das Angebot. Übrigens: Auch Kinder, die nicht die Regenbogen-Schule besuchen, können bei Tom kochen lernen. „Unsere Kochkurse werden gerne für Kindergeburtstage gebucht", sagt er. An die Reibe, fertig, los!

TOM'S IM BURGHOF
Thomas Jaworek
Mengeder Straße 687
44359 Dortmund
Telefon 02 31 / 226 56 43
info@toms-im-burghof.de
www.toms-im-burghof.de

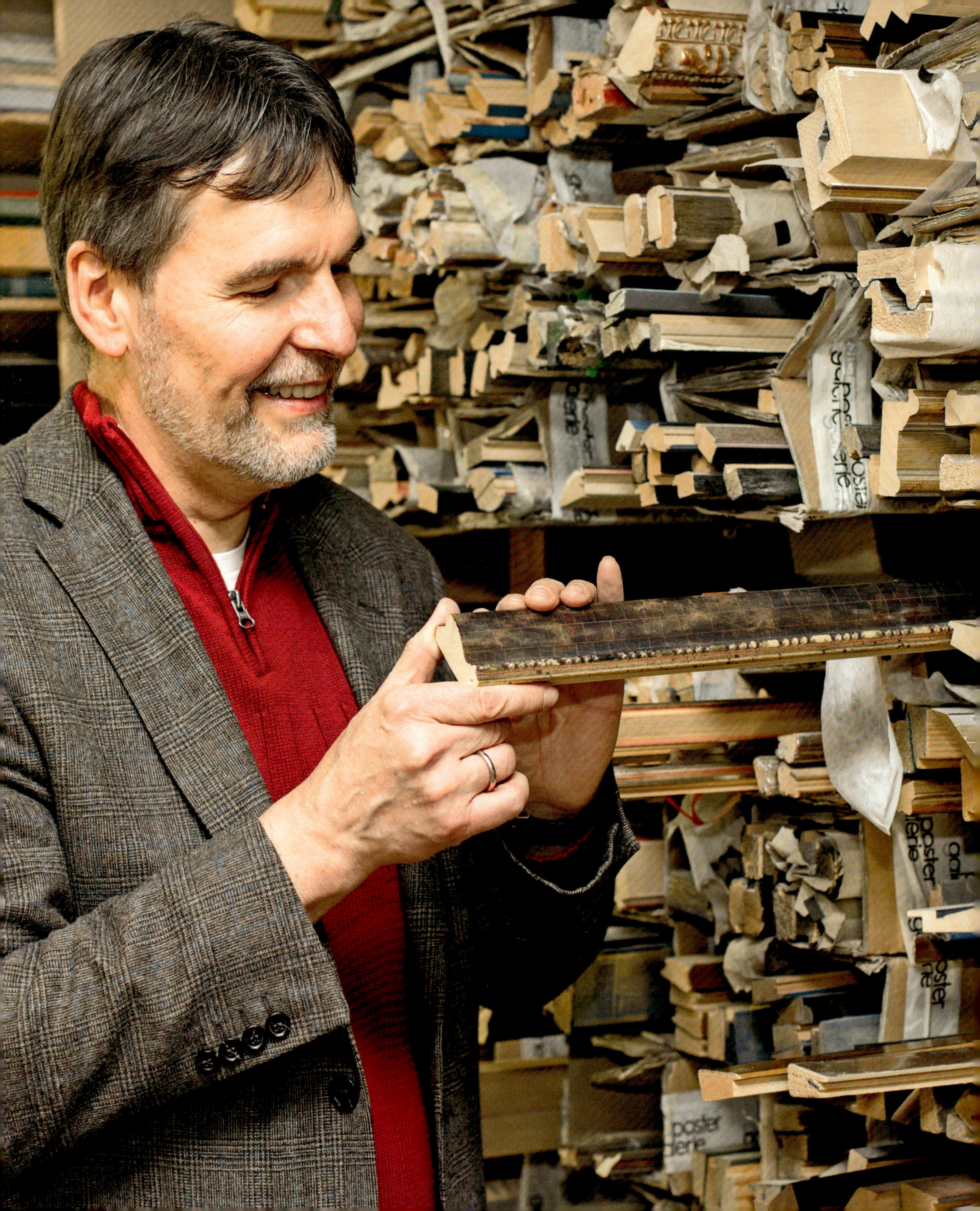
poster

BILDSCHÖN!
In Dortmund bekommt man (fast) alles, um die Wand zu schmücken

„Eigentlich ist der Name unseres Geschäfts irreführend", stellt Axel Schroeder fest. „Denn erstens verkaufen wir nicht nur Poster, und zweitens denken viele Menschen, die *postergalerie* sei eine Unternehmenskette. Dabei sind wir ein Einzel- und noch dazu ein echtes Familienunternehmen." Zur Finanzierung ihres Studiums gründeten die Brüder Axel und Dirk Schroeder vor 35 Jahren einen Posterversand. Mit stetig wachsendem Erfolg: Heute bieten sie und ihr Team auf einer Fläche von über 1.000 Quadratmetern eine bedeutende Auswahl an „Bildschönem" für leere Wände, in privaten wie in öffentlichen Gebäuden.

Neben Grafiken, Fotografien und Kunstdrucken in riesiger Auswahl sind es vor allem individuell auf Kundenwunsch gefertigte Einrahmungen, für die die *postergalerie* bekannt ist. Kein noch so kurioser Wunsch muss hier unerfüllt bleiben, es gibt sogar eine eigene Abteilung für Textilrahmungen. „Einmal haben wir zum Beispiel einen Objektkasten für ein Brautkleid gebaut", berichtet Axel Schroeder. Die Werkstätten befinden sich ebenso wie die Lagerflächen für Holz-, Metall- oder Echtgoldrahmen direkt neben dem Geschäft. Ein Plus für die Kunden: Die kurzen Wege sorgen für schnelle Lieferzeiten.

Während die einen mit konkreten Wünschen kämen, bräuchten die anderen eine persönliche Beratung, so Axel Schroeder. Willkommene Herausforderungen für ihn und seine hochqualifizierten Mitarbeiter. Sie unterstützen die Kunden bei der individuellen Suche nach Motiv, Größe, Farbe und entsprechender Rahmung. Schroeder selbst, der sein Psychologiestudium trotz des damals bereits florierenden Geschäfts absolvierte, engagiert sich zudem für die Standortstärkung. Als Vorstandsmitglied des „Cityrings" und Gründer der Interessengemeinschaft „Aktion Boulevard" liegt ihm nicht nur die Attraktivität von Wänden am Herzen, sondern auch die der Dortmunder Innenstadt.

POSTERGALERIE
Axel Schroeder
Kampstraße 4
44137 Dortmund
Telefon 02 31 / 52 76 54
info@pogado.de
www.pogado.de

Lehre lieber ungewöhnlich: Das Red Dot Design Museum in Essen bringt das Prinzip guten Designs nahe.

Die „Unter Tage"-Welt erschließt das Deutsche Bergbau-Museum Bochum, das Museum Folkwang in Essen wiederum zeitgenössische Kunst.

MUSEEN: FENSTER ZUR REGIONALEN KULTUR

Spaziert man an der Ruhr entlang, beispielsweise in Essen-Steele oder Bochum-Dahlhausen, kann man ihn ab dem Frühjahr bis zum späten Herbst hören: den typischen Pfeifton, wenn die Lokomotive mal so richtig Dampf ablässt. Die historische Dampflok, die im Eisenbahnmusem Dahlhausen startet, ist das ideale Transportmittel, um das Gebiet entlang der Ruhr zu erkunden. Als Passagier macht man eine eindrucksvolle Reise in die Geschichte der Kumpels und in die Zukunft des Reviers, auf den Weg gebracht durch den viel besprochenen Strukturwandel.

Nach Dahlhausen geht es weiter über Essen nach Mülheim und Oberhausen. Von dort aus führt die Fahrt weiter nach Bottrop, vorbei an der Landmarke Tetraeder, der Skihalle, die auf einer Halde errichtet worden ist, der Zeche Prosper und Kokerei Prosper Haniel, wo noch heute Kumpels ihre „Maloche" verrichten. Spätestens an der Gelsenkirchener Zeche Nordstern sieht man beispielhaft die Entwicklung, die diese Region durchgemacht hat: Dort, wo früher die Kohle auf Schiffe verladen wurde, finden heute attraktive und viel beachtete Kulturevents statt. Hier sind moderne Arbeitsplätze und ein abwechslungsreiches Naherholungsgebiet entstanden.

Bergbau und die Ruhrregion gehören einfach zusammen – kein Wunder also, dass hier eines der bedeutendsten Bergbaumuseen der Welt steht. In der Stadtmitte von Bochum ist es leicht an dem typisch grünen Doppelbockgerüst zu erkennen und an der Museumserweiterung, die die Bochumer schnell als den „schwarzen Diamanten" akzeptiert haben. Die Dauerausstellung lädt die Besucher zu einer Reise ein, die durch die Erdgeschichte und den Fortschritt der Bergbautechnik führt. Eine eigene „Schatzkammer" stellt darüber hinaus wertvolle Kunst- und Kulturobjekte aus, die von der Montanindustrie beeinflusst wurden. Medaillen oder Möbelstücke gehören ebenso dazu wie eine umfassende Ausstellung zur heiligen Barbara, der Schutzpatronin der Bergleute.

In der Abenddämmerung entfaltet das Ruhr Museum in Essen seinen ganzen Industriecharme. Innen zeigt es die (Kultur-)Geschichte der Industrialisierung.

Das Ruhr Museum in Essen veranschaulicht, welche Entwicklung die Region und ihre Menschen im Laufe der Jahrhunderte durchgemacht haben: Es taucht ein in den Mythos des Ruhrgebiets, in die Historie der Industrialisierung und in seine Kulturgeschichte. Trotzdem versteht es sich selbst nicht als klassisches Industriemuseum, sondern eher als ein Schaufenster der Region, das mithilfe seiner Dauer- und der viel beachteten Sonderausstellungen einen differenzierten Blick auf Strukturen, Klischees und Phänomene der Region erlaubt. Beherbergt in der ehemaligen Kohlenwäsche der Zeche Zollverein kann die Adresse kaum authentischer sein.

Aber das Gebiet entlang der Ruhr beinhaltet noch viel mehr als Bergbaugeschichte. Im Sauerland spielen Landwirtschaft, die dazu gehörigen Maschinen und das Leben abseits der Industrie eine große Rolle. Zeugnis darüber geben unter anderem das Sauerland-Museum in Arnsberg, das bis zum Herbst 2017 erweitert und neu strukturiert wird, sowie das Maschinen- und Heimatmuseum in Eslohe. Hier beschäftigt man sich mit der Sauerländer und südwestfälischen Heimat, dem Dorfhandwerk sowie der landwirtschaftlichen Entwicklung. Ein Mundartarchiv, das sich dem Plattdeutschen im Sauerland widmet, hält den lokalen Dialekt lebendig.

Wer nun glaubt, die Kulturregion Ruhr besteht nur aus kuratierten Erinnerungen an Kumpels, Koks und Kohle, gemischt mit ein wenig Heimatkunde, ist auf dem Holzweg. Mit 200 Museen ist besonders die Museumslandschaft im Ruhrgebiet eine der dichtesten in ganz Deutschland. Darunter zahlreiche Kunstmuseen, die die großen Namen der Kunstgeschichte unter ihren Dächern ebenso zeigen wie Vertreter der modernen Avantgarde. Dazu gehört auch das Essener Museum Folkwang, das ursprünglich in Hagen eröffnet wurde, 1922 nach Essen kam und sich schnell einen deutschlandweiten Namen als weg-

Das Museum Folkwang bietet im wahrsten Sinne des Wortes auch zugängliche Kunst, hier eine Holzkonstruktion des kubanischen Künstlerduos Los Carpinteros.

weisendes Museum für moderne Kunst machte. Weltweites Renommee erlangten seine Malerei- und Skulptur-Sammlungen des 19. Jahrhunderts, der klassischen Moderne, der Kunst nach 1945 und der Fotografie. Erst 2010 wurde ein imposanter Anbau eröffnet, der mit Glaspassagen, Wandelhallen und Innenhöfen viel Licht auf die Kunst wirft.

„Kunst ist für alle da" lautet der Leitspruch des Duisburger Lehmbruck Museum, das als Zentrum internationaler Skulpturkunst gilt. Und tatsächlich: Mitten in der Duisburger Innenstadt gelegen, ist es auch vor oder nach einem Einkaufsbummel ein leicht erreichbares Ziel. Die Sammlung stützt sich auf den Nachlass Wilhelm Lehmbrucks und wird ergänzt durch Malerei, Grafik, Fotografie und Neue Medien. Der Kant Park, der das Gebäude umgibt, zeigt Großskulpturen bekannter Künstler wie Henry Moore, Hans-Peter Feldmann und Meret Oppenheim. Wechselausstellungen präsentieren nicht nur internationale Künstler, sondern sind auch dem eigenen Anspruch verpflichtet, regionalen Kunstschaffenden eine Plattform zu bieten.

Dorthin, wo einst das Bier in Mengen floss, strömen heute Kunstliebhaber: Im ehemaligen Gär- und Lagerkeller der Dortmunder Union Brauerei, weithin als Dortmunder „U" bekannt, ist das Ostwall-Museum untergebracht. „Fluxus" (lateinisch flux: „Fluss") heißt die Kunstrichtung aus den 1960er Jahren, die hier den Kern der Sammlung bildet.

Daneben bietet das Museum auf einer ganzen Etage Raum für Kunstwerke der letzten 40 Jahre, darunter Joseph Beuys, Dieter Roth und zeitgenössische Künstler wie Anna und Bernhard Blume. Im harmonischen Wechsel projizieren die Filminstallationen von Adolf Winkelmann an drei Stationen „fliegende Bilder", die – im Foyer (das sich übrigens über luftig-transparente sieben Stockwerke erstreckt), im Treppenhaus und von außen am U-Turm – auch von weitem sichtbar sind.

Unter den über 200 Museen des Ruhrgebiets sind auch die Essener Domschatzkammer und das Dortmunder U – Zentrum für Kunst und Kreativität.

Ebenfalls ein spannender Ort für Kunst: die Oberhausener Ludwiggalerie. Mühelos vereint sie distinguiertes Flair mit Kunst von der Antike bis zur Gegenwart, Comiczeichnungen und Fotografien. Untergebracht im klassizistischen Schloss Oberhausen und umgeben vom Volkspark „Kaisergarten" ist ein Besuch der Oberhausener Galerie ein echtes Rundumerlebnis.

Die Museumslandschaft entlang der Ruhr ist bunt. Wer beispielsweise auf Ästhetik im Alltag Wert legt, ist im Red Dot Design Museum auf der Zeche Zollverein bestens aufgehoben: Hier wird ausgezeichnetes Industriedesign – von der Tupperware bis zum Schmuckstück – vor imposanter Industriekulisse präsentiert.

Womit sich Filmstar Heinz Rühmann und Millionär John D. Rockefeller einst fortbewegt haben, kann man dagegen im Oldtimer-Museum in Dortmund-Wellinghofen sehen. Eine umfangreiche Sammlung von schönen alten Automobilen großer Marken wie Jaguar, Ferrari, Horch und Alfa Romeo sind für Autofans ein wahrer Augenschmaus.

Technikliebhaber kommen im Dortmunder Magnetmuseum und im Duisburger Radiomuseum auf ihre Kosten. Wer für die Natur schwärmt, sollte dem Duisburger Bienenmuseum einen Besuch abstatten. Und zu guter Letzt: Im Essener Markt- und Schaustellermuseum kann man sich an funktionstüchtigen Drehorgeln, Karussells und Wanderkinos erfreuen. An diesem Ort wird sich nämlich der guten alten Tradition von Jahrmärkten gewidmet, die zu Zeiten der Industrialisierung und Schwerstarbeit eine willkommene Abwechslung boten. (Nicht nur) Kulturbeflissene aus Nah und Fern wissen die enorme Vielfalt an Museen zu schätzen. Mit rund 200 Museen gehört das Ruhrgebiet immerhin zu den am dichtest besiedelten Regionen Deutschlands.

Welche Mythen sich um das Thema Bergbau ranken, vermittelt das Ruhr Museum in seiner Dauerausstellung.

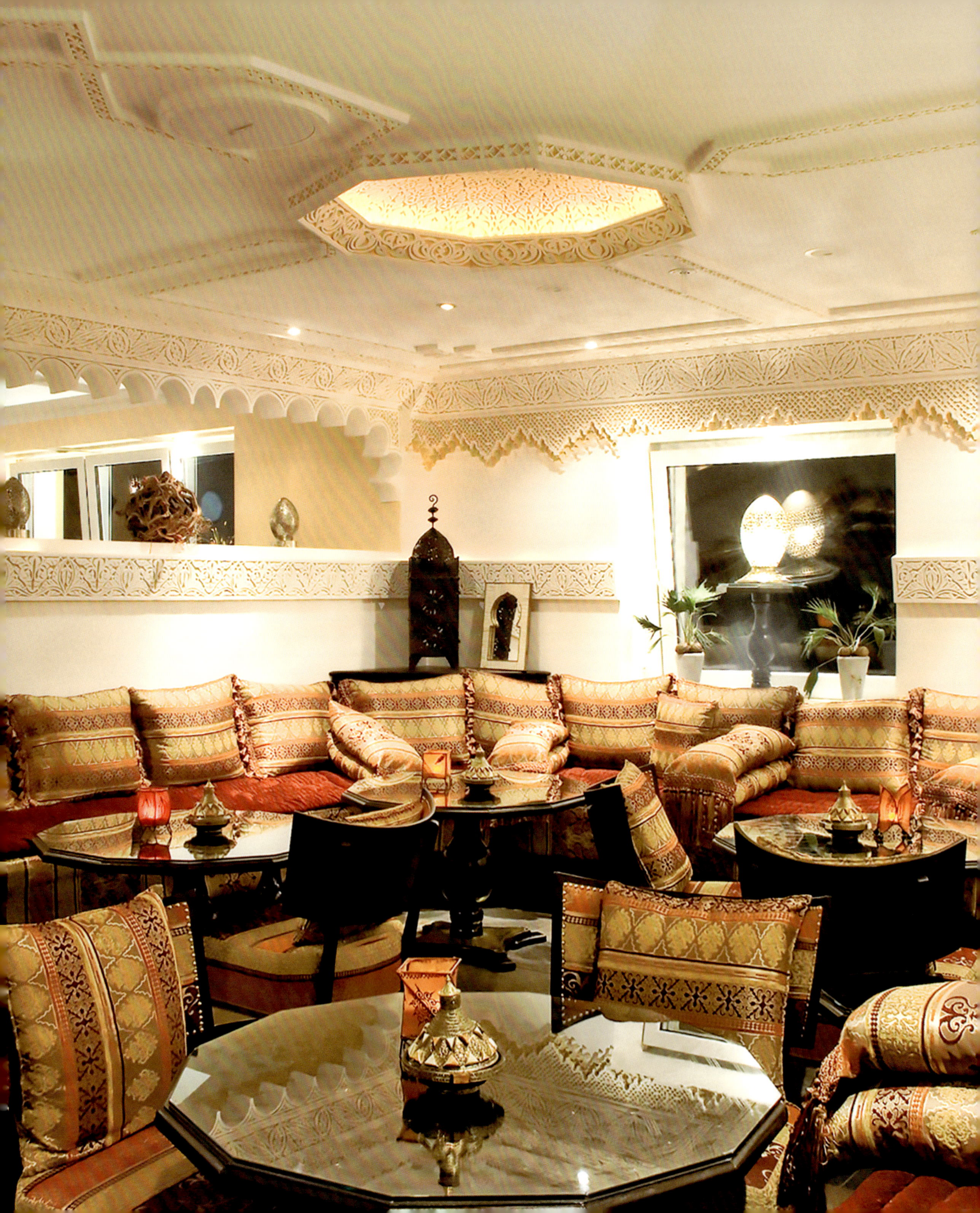

KURZURLAUB AUF DER KANALINSEL
In Castrop-Rauxel wird mediterranes Sommerfeeling geweckt

Urlaub gefällig? Dann auf zur Wartburg-Insel! Umgeben vom Rhein-Herne-Kanal lässt sich in den *Riad – Mediterrane Genusswelten* herrlich ausspannen und genießen. Das Haus, das Tarik Sealiti und seine Frau Barbara vor der Eröffnung im Herbst 2009 aufwändig restaurierten, ist viel mehr als ein Restaurant. Es ist ein multifunktionaler Gastronomie-Komplex mit marokkanisch eingerichtetem À-la-Carte-Restaurant inklusive Brokatkissen und Handstuckarbeiten, elegantem Grillroom, Balkon, Lounge und Sommergarten direkt am Wasser.

Wie die echten Riads, arabischer Ausdruck für Herrenhäuser in den Medinas großer Städte, ist auch das Castroper Riad von außen eher unscheinbar. Die Vielfalt und die Schönheit der Räumlichkeiten erschließen sich den Gästen erst nach und nach – beziehungsweise von Gang zu Gang. „Eine Vorspeise auf dem Balkon, das Hauptgericht im Grillroom, zum Dessert in die märchenhafte Atmosphäre unseres traditionell eingerichteten Wohnzimmers oder zum Cocktail in die Lounge", so beschreibt Barbara Sealiti einen möglichen Besuch des Riads mitten im Ruhrgebiet.

Gehobene mediterrane Küche steht auf der Speisenkarte hergestellt aus frischen Produkten. Darunter authentisch marokkanische Gerichte wie Couscous, Tangine oder Salate mit orientalisch marinierten Filetspießen. Steakliebhaber freuen sich über eine kulinarische Besonderheit: Steaks in Premiumqualität kommen von einem speziellen Holzkohlegrill – darunter auch Dry Aged Fleisch aus dem hauseigenen Reifeschrank. Übrigens: Für private Feiern oder geschäftliche Anlässe lassen sich alle Räumlichkeiten einzeln oder zusammen nutzen. Dazu gehört auch der hauseigene Bootsanleger. Denn wer seine Traumhochzeit im Riad feiern möchte, kommt mit der Yacht und trifft seine Gäste im Sommergarten. Wenn da kein Urlaubsfeeling aufkommt …

RIAD – MEDITERRANE GENUSSWELTEN
Barbara und Tarik Sealiti
Wartburgstraße 281
44577 Castrop-Rauxel
Telefon 0 23 67 / 1 81 51 68
info@riad-gastronomie.de
www.riad-gastronomie.de

BARRAMUNDIFILET MIT ARGANÖL-GEMÜSE UND PANCETTA-KARTOFFEL-SPIESS
Dieses Rezept finden Sie auf Seite 139

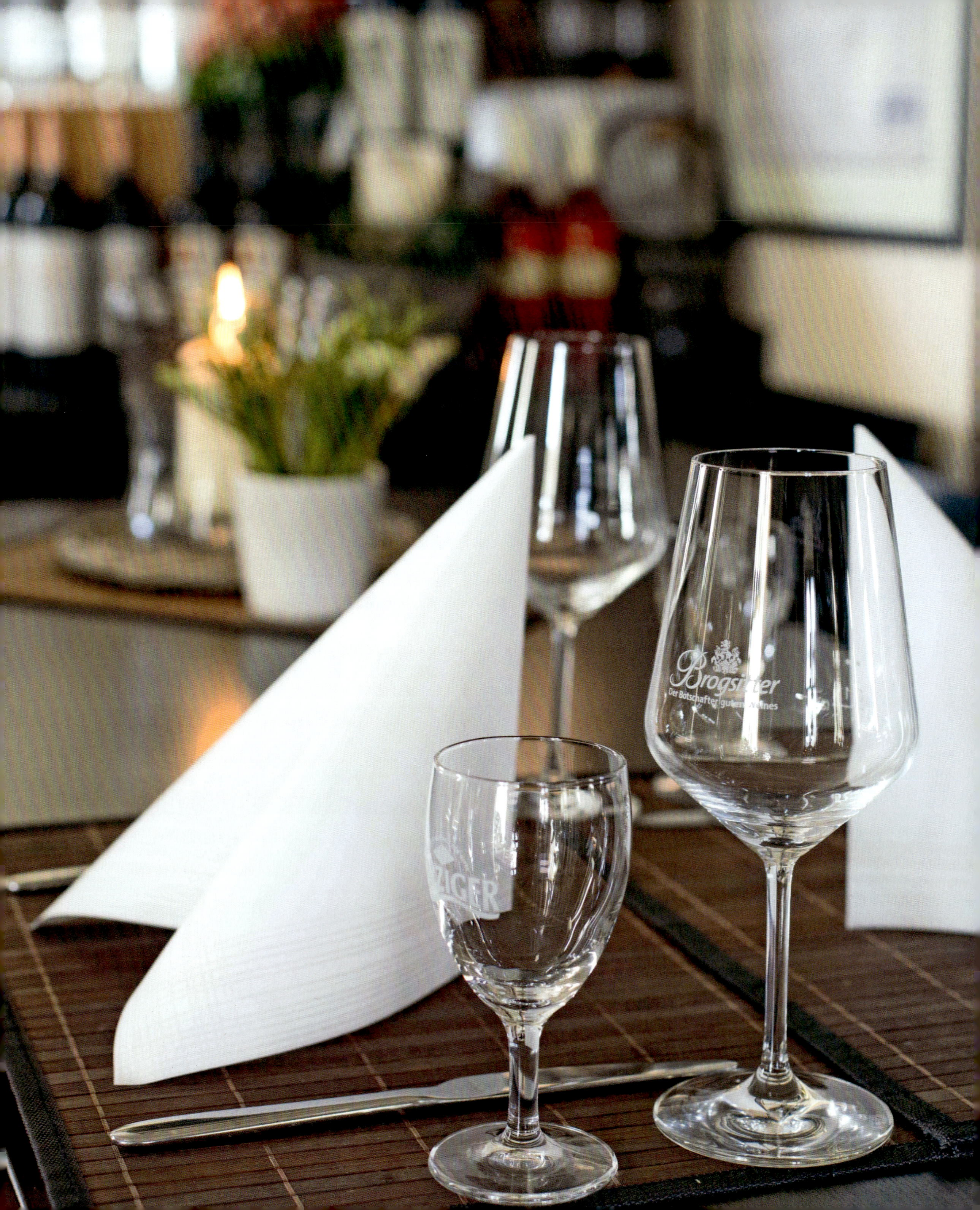

GEGEN DEN STROM
Vinothek und Restaurant der etwas anderen Art

Ralf Sondermann macht es wie Henriette Davidis: Der Inhaber der *Vinothek Dorfstraße 13* kocht ohne Rezept. Und zwar so gut, dass Gourmets aus nah und fern nicht nur gerne in sein gemütliches Restaurant zum Essen kommen, sondern es sich auch von ihm bringen lassen. Denn ein weiteres Standbein des Gastronomen und Weinhändlers, der sowohl Koch als auch Konditor, Betriebswirt, Hotelkaufmann und ehemaliger Delikatessenhändler ist, bildet sein Cateringservice. Dazu zählen neben der Außer-Haus-Lieferung von Speisen (für zwei und bis zu rund 2.000 Gäste) auch Live-Cooking-Events und private Kochkurse.

„Alles von Aal bis Zander – und jede andere Zutat, die dazwischen liegt", beantwortet Ralf Sondermann die Frage nach seinen kulinarischen Favoriten. Ein besonderes Plus ist die Variierbarkeit seiner Karte – größere oder kleinere Mengen sowie individuell zusammengestellte Beilagen realisiert der Gastronom gerne. Seine international inspirierte Speisekarte listet Wildlachs mit dicken Bohnen oder Fenchelgemüse ebenso auf wie Steinpilzravioli und mehrgängige Spargelmenüs. Gewechselt wird alle vier bis sechs Wochen.

Das Herzstück des im mediterranen Landhausstil eingerichteten Restaurants ist die offene Küche. Ringsum sitzen die Gäste in einem der ältesten Gebäude mit Tonnengewölbe in Nordrhein-Westfalen. Bevor die *Vinothek Dorfstraße 13* hier vor sechs Jahren einzog, diente es schon als Dorfschule, Kirche und Gefängnis. Im Sommer lädt die Terrasse zum Verweilen und zum Genuss sommerlicher Speisen und Weine ein. Und weil es sich ja schließlich um eine Vinothek handelt, können Kunden hier auch einen guten Tropfen erstehen. Rund 120 Positionen aus deutschen und europäischen Anbaugebieten ebenso wie aus Übersee stehen zur Auswahl. Außerdem im Sortiment: Edelbrände auf Kornbasis und Bio-Obstschnäpse vom Bodensee.

VINOTHEK DORFSTRASSE 13
Ralf Sondermann
Dorfstraße 13
45549 Sprockhövel
Telefon 023 39 / 12 02 77
info@dorfstrasse13.de
www.dorfstrasse13.de

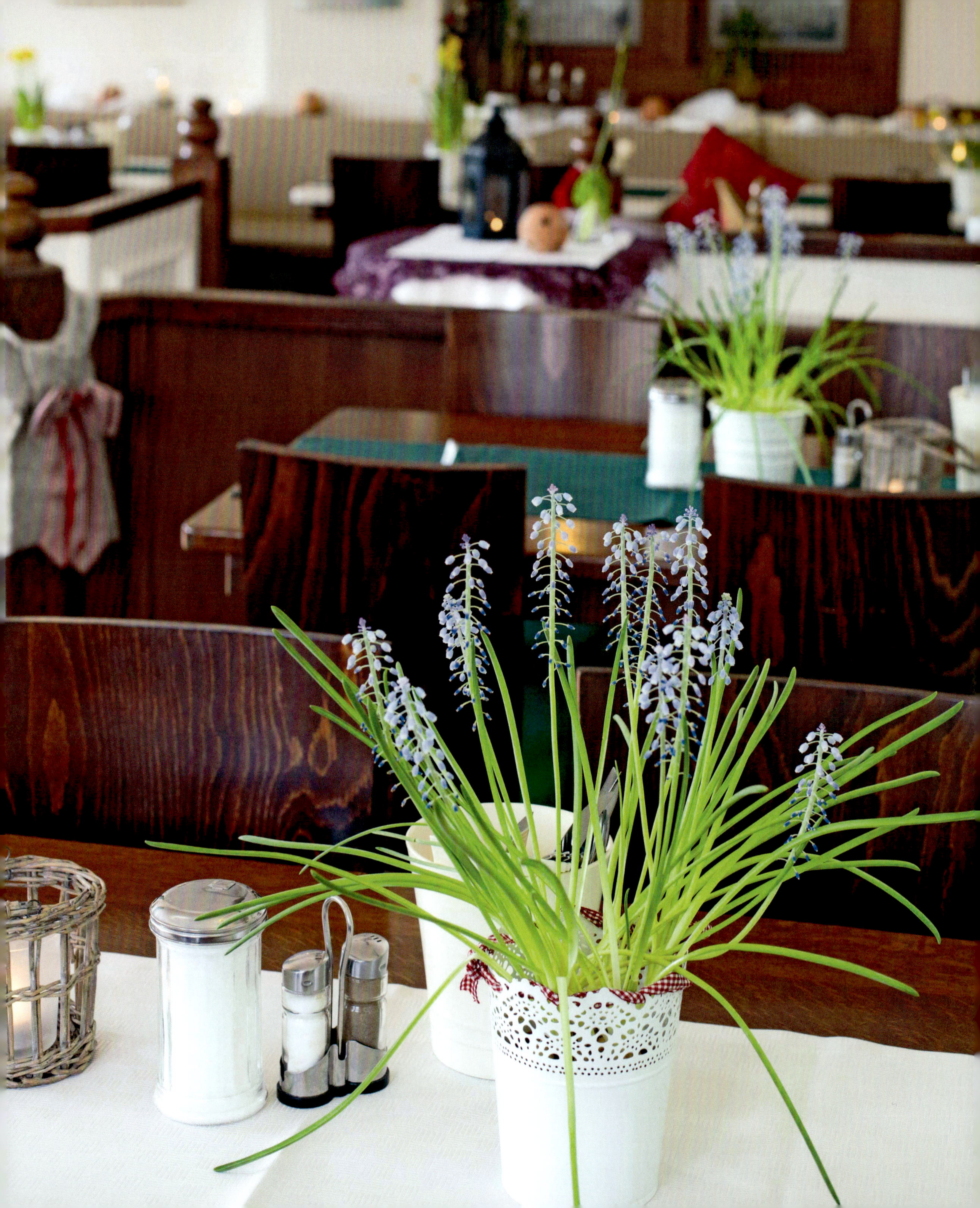

BROT UND SPIELE
Ein Ausflugsrestaurant mit direktem Seeblick, gutem Essen und viel Kultur

„Wo man singt, da lass´ dich ruhig nieder" lautet eine alte Volksweisheit. In diesem Sinne ist auch das unmittelbar am RuhrtalRadweg und dem Kemnader Stausee gelegene Ausflugsrestaurant *Haus Oveney* eine gute Adresse, um Rast zu machen. Und das von Inhaberin Anne Behrenbeck sorgfältig zusammengestellte Kulturprogramm, bei dem die ausgebildete Schauspielerin und Sängerin auch ihre eigenen Fähigkeiten unter Beweis stellt, begeistert alle: Jung und Alt, Ausflügler, Restaurantbesucher und Stammgäste.

Ob Dinnershow mit Flamenco-Klängen, thematische Liederabende oder literarische Kaffeetafel – stets trifft hier Kultur auf guten Geschmack, auch im kulinarischen Sinne. Die Speisekarte bietet saisonal wechselnde Gerichte von westfälisch bis mediterran, darunter auch eine große Auswahl an vegetarischen Speisen. Bekannt ist *Haus Oveney* für seine frischen Waffeln und leckeren Bäckerkuchen zum köstlichen Cappuccino. Praktisch: Während die Großen im Biergarten eine Erfrischung genießen und sich vom Spaziergang oder der Radtour erholen, haben sie ihre tobenden Kleinen immer im Blick. Ein Abenteuerspielplatz liegt, eingebettet in die Ruhrwiesen, genau gegenüber der großen Terrasse.

„Sowohl für unser Kulturprogramm als auch für unseren schnellen und guten Service bekommen wir kontinuierlich positives Feedback", freut sich Anne Behrenbeck. Sie leitet das familienfreundliche, ganzjährig geöffnete Haus seit fünf Jahren. Für Betriebsfeiern, Kindergeburtstage und andere Anlässe sind vor allem in der kühleren Jahreszeit die beiden Kegelbahnen besonders begehrt. Erfrischend uneitel das Resümee der Inhaberin: „Wir bieten gutes Essen und jede Menge Vergnügen bei den Veranstaltungen", versichert sie. „Unser wichtigstes Anliegen ist es, dass die Gäste bei uns eine rundum schöne Zeit erleben."

HAUS OVENEY
Anne Behrenbeck
Oveneystraße 65
44797 Bochum
Telefon 02 34 / 79 98 88
info@haus-oveney.com
www.haus-oveney.com

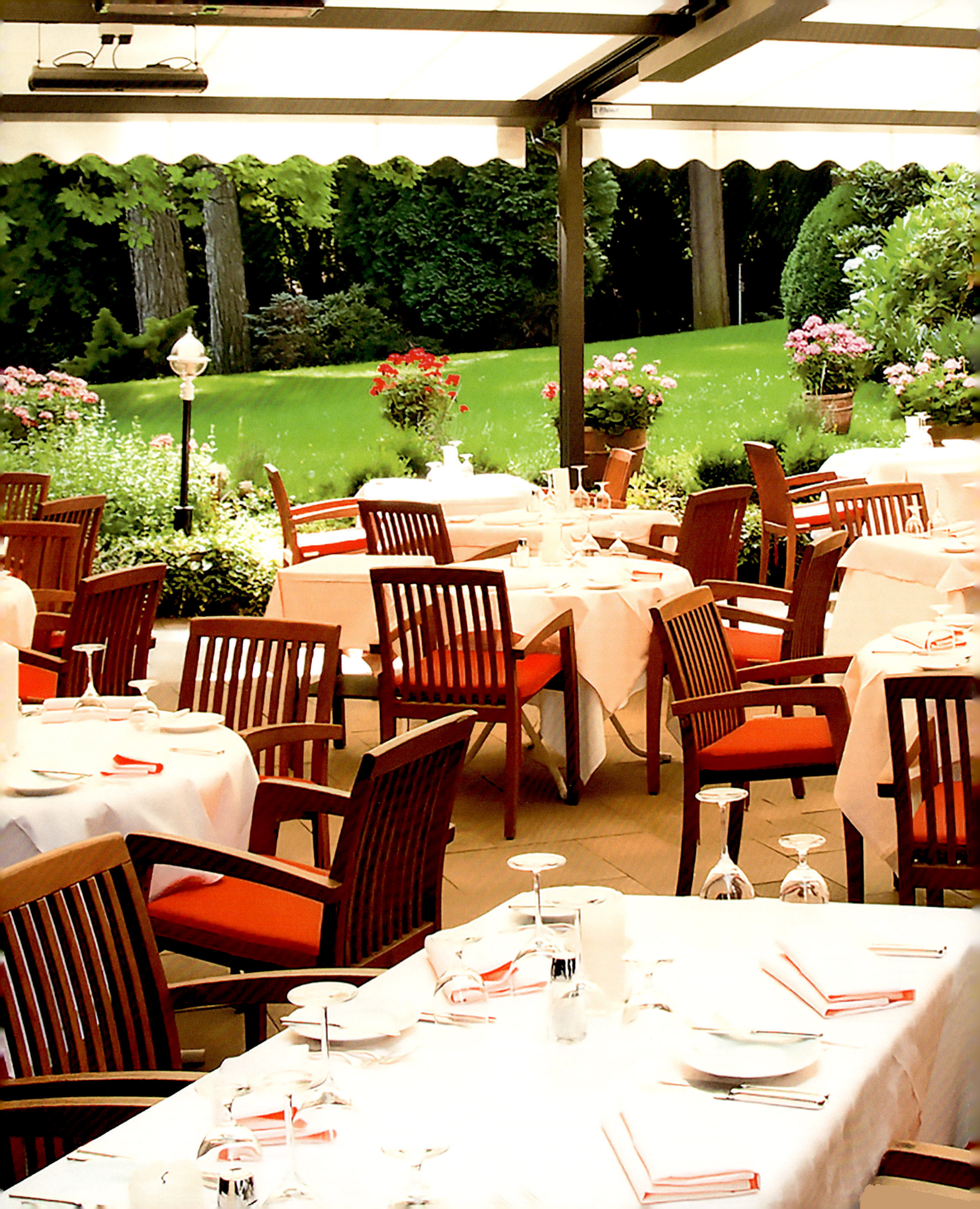

CUCINA MIT PROFIL
Über drei Jahrzehnte italienische Gastlichkeit

Mit schwarzen Balken und weißem Putz präsentiert sich die Wuppertaler *Villa Scarpati* im für das Bergische Fachwerk typischen Äußeren. Dieses Bild inspirierte Professor Klaus Winterhager, Typograph und Freund des Hauses, wohl zum Corporate Design – präzise, elegant und eigenständig zeigt das Logo in Scherenschnitt-Optik die Inhaber Roswitha und Aniello Scarpati im Profil. Farblos ist das Angebot der Gastgeber keinesfalls. Mit italienischer Wärme und ihrem Sohn Jerome führen die Eheleute sowohl Hotel als auch zwei Restaurants.

Wohlbefinden erfahren die Gäste auf verschiedenen Ebenen – räumlich und inhaltlich. Es gibt sowohl die Trattoria als auch das Gourmetrestaurant, jeweils mit eigenständiger Karte. In der Trattoria genießt man schlichte Spezialitäten Norditaliens. „Hier bewahren wir die Tugenden der Cucina italiana mit besten Produkten", erklärt der Junior. Jerome Scarpati freut sich, diesen Bereich des Hauses schon in jungen Jahren selbstständig zu betreuen. „Nach und nach legen wir die Geschicke der Villa in seine Hände", skizziert Patron Aniello Scarpati die Zukunft, während er durch das Rund des Gourmetrestaurants führt. Nimmt man am elegant gedeckten Tisch Platz, fühlt man sich der Kulinarik schnell verbunden, denn an den Wänden zeigen Gemälde auf lockere Weise italienische Impressionen. Ebenso kunstvoll sind die Speisen angerichtet. Manches Menü stimmt Scarpati übrigens auf kulturelle Highlights der Stadt ab wie Ausstellungen im Von der Heydt-Museum. Die Terrasse setzt den mediterranen Stil fort. Von einer großen Markise beschützt genießen die Gäste hier Lunch und Dinner.

Mit sieben Zimmern, allesamt technisch auf modernem Stand, sowie Konferenzräumen ist die *Villa Scarpati* ein Kleinod der Hotellerie für private wie berufliche Veranstaltungen und Aufenthalte.

SCARPATI HOTEL-RESTAURANT-TRATTORIA
Roswitha und Aniello Scarpati
Scheffelstraße 41
42327 Wuppertal
Telefon 02 02 / 78 40 74
info@scarpati.de
www.scarpati.de

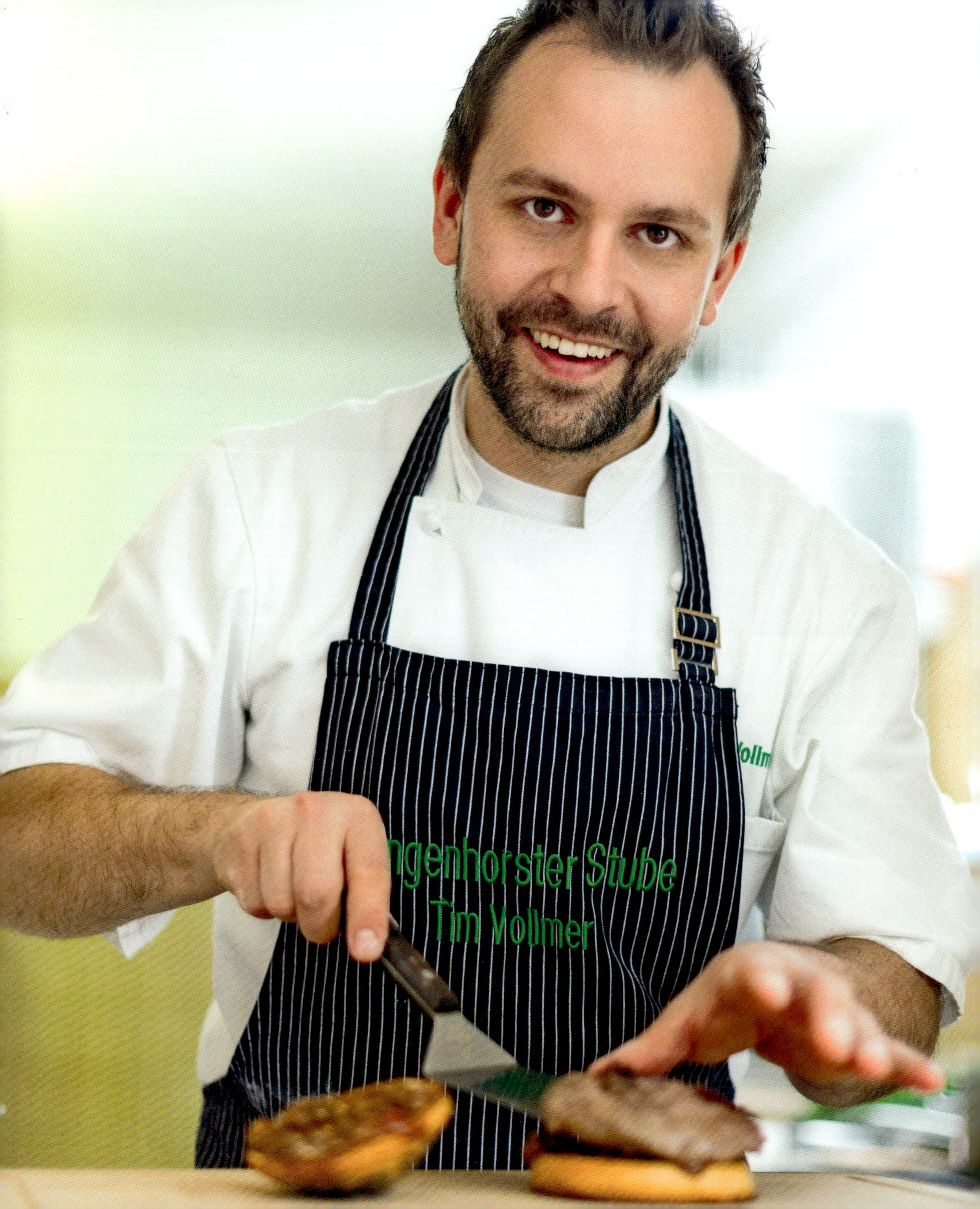
ngenhorster Stube
Tim Vollmer

DER RICHTIGE MIX FÜRS WOHLBEFINDEN
Ein junger Koch erschließt Traditionelles für die Gegenwart

In Velbert kennt man sich aus mit Schlüsseln. Nicht nur die hier ansässigen Spezialisten wissen, wie man mit Tür und Tor umgeht. Auch der junge Koch Tim Vollmer öffnet gewandt die Pforten seines Restaurants *Langenhorster Stube* und so die Herzen der Gäste für seine Interpretation traditioneller Küche. Seit September 2013 bilden ehrliche Gerichte, bodenständige Weine und ein angenehm minimalistisches Interieur den Mix fürs Wohlbefinden. Carina Frisch – nomen est omen – macht mit ihrem freundlichen Service das kulinarische Erlebnis perfekt.

Bewohner wie Besucher des Langenhorster Forstes stärken sich hier nicht nur mit großzügigen, sondern auch frischen Speisen. Das Fleisch bezieht Tim Vollmer vom traditionsreichen Dieckerhof in Oberhausen; Gemüse, Obst und Käse kommen aus dem nahe gelegenen Windrather Tal. Dort haben sich sechs Bio-Höfe zu einem Verbund zusammengetan. Diese sorgfältig ausgesuchten Produkte verarbeitet der Koch zu schmackhaften Speisefolgen wie Wildkräutersalat mit Landblütenhonig-Himbeer-Vinaigrette und Bio-Grillkäse, Rehgulasch mit Rotkohl sowie einem Walnussparfait mit Vanillesauce und Kirmesmandeln. Beilagen wie Semmelknödel, Nudeln oder Steak-Kartoffeln – Pommes à la Vollmer – werden hier selbstverständlich von Hand gearbeitet. Außerdem: Mit schonendem Sous-vide-Garen – also Kochen mit niedriger Temperatur – erhalten traditionelle Gerichte eine angenehme Textur und Aromenvielfalt.

„Auf der gemütlichen Terrasse sehen Sie übrigens unseren persönlichen Schatz", lockt Tim Vollmer. Draußen erblickt man einen mit Holzkohle befeuerten Herd aus den 1960er Jahren. Darauf grillt er gemeinsam mit seinen Gästen einzigartig leckere Burger-Spezialitäten – und macht wieder einmal die Verknüpfung aus traditionellem Gastgebertum und modernem Lifestyle möglich.

LANGENHORSTER STUBE
Tim Vollmer und Carina Frisch
Langenhorster Straße 98
42551 Velbert
Telefon 0 20 51 / 8 02 39 81
info@langenhorster-stube.de
www.langenhorster-stube.de

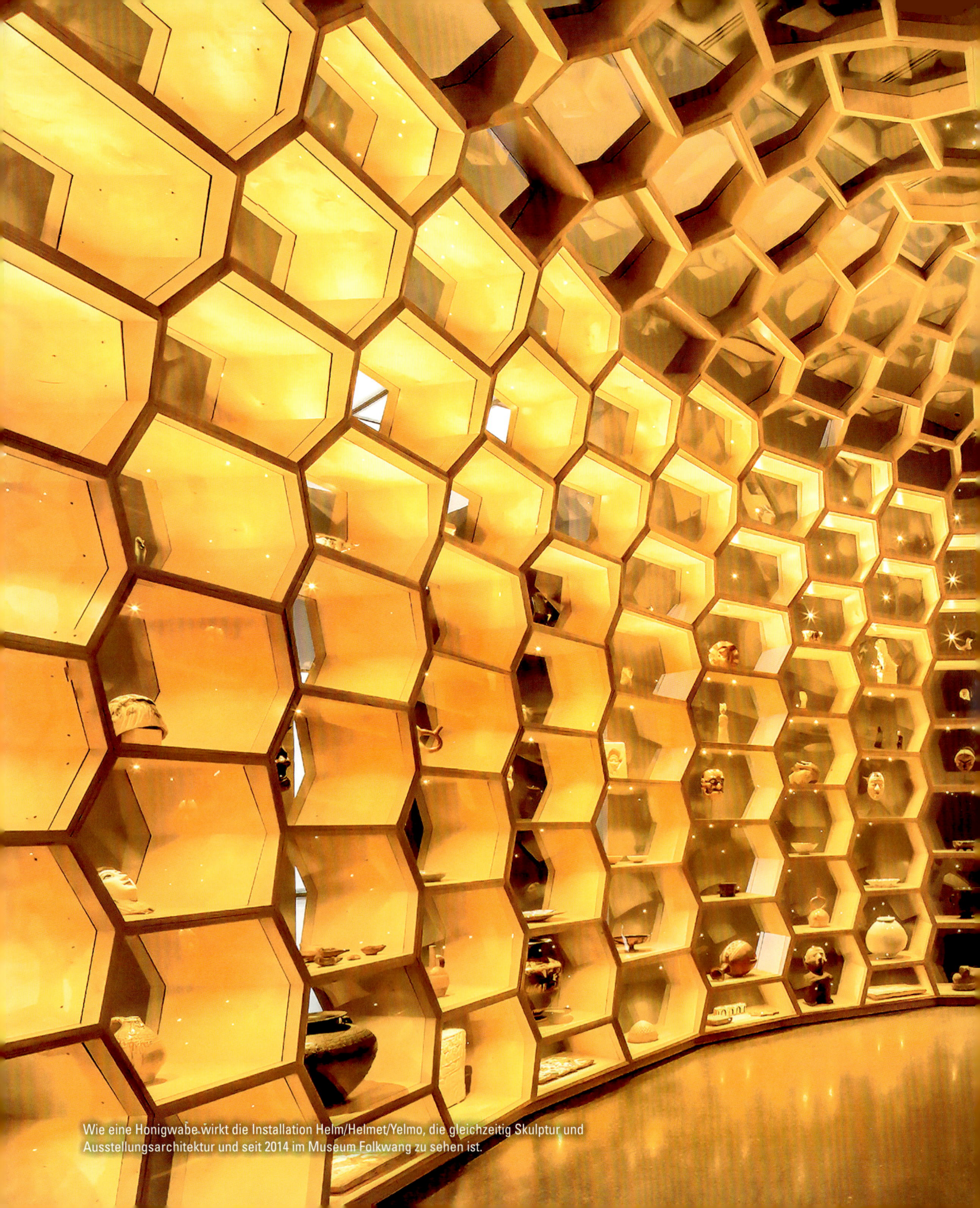

Wie eine Honigwabe wirkt die Installation Helm/Helmet/Yelmo, die gleichzeitig Skulptur und Ausstellungsarchitektur und seit 2014 im Museum Folkwang zu sehen ist.

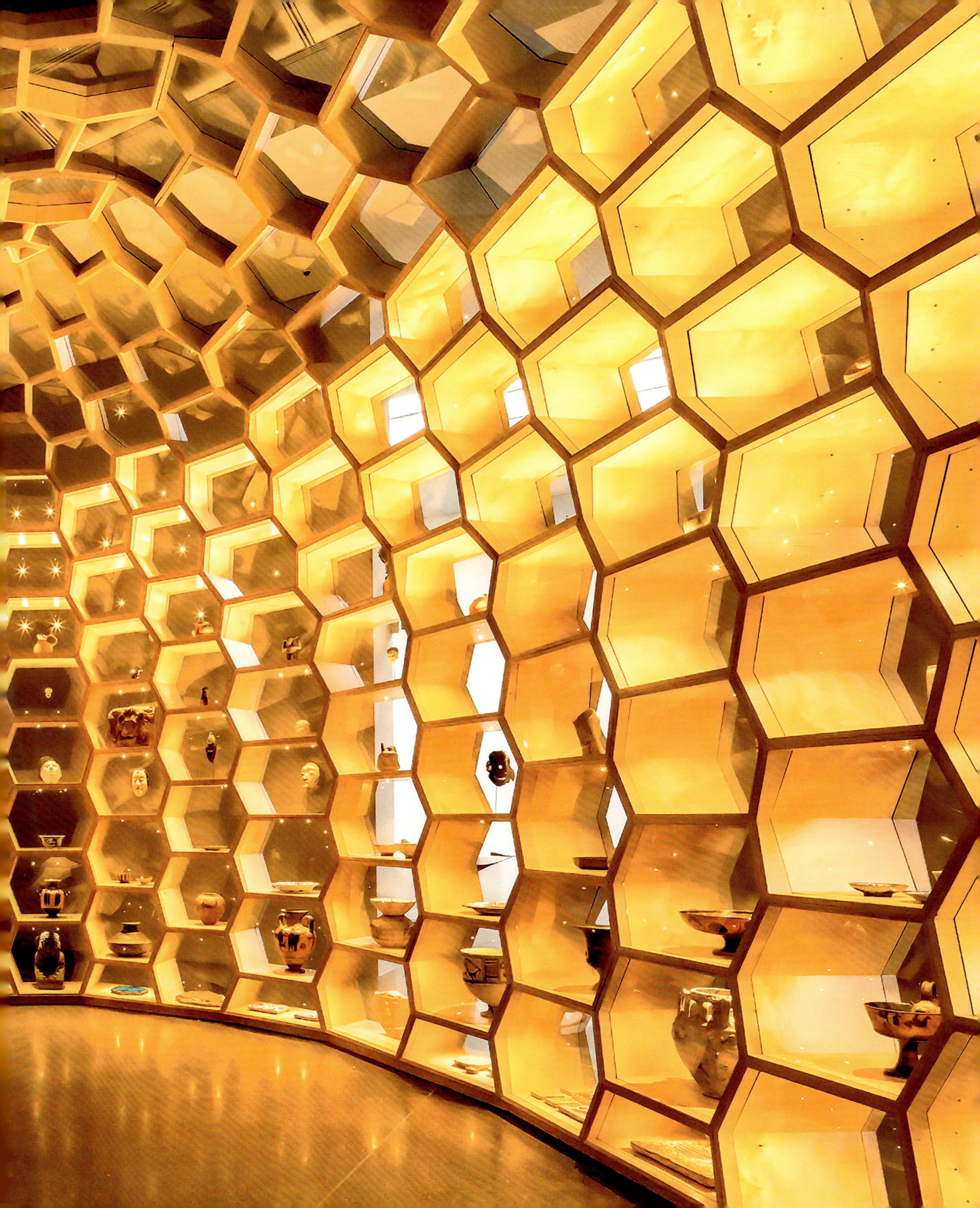

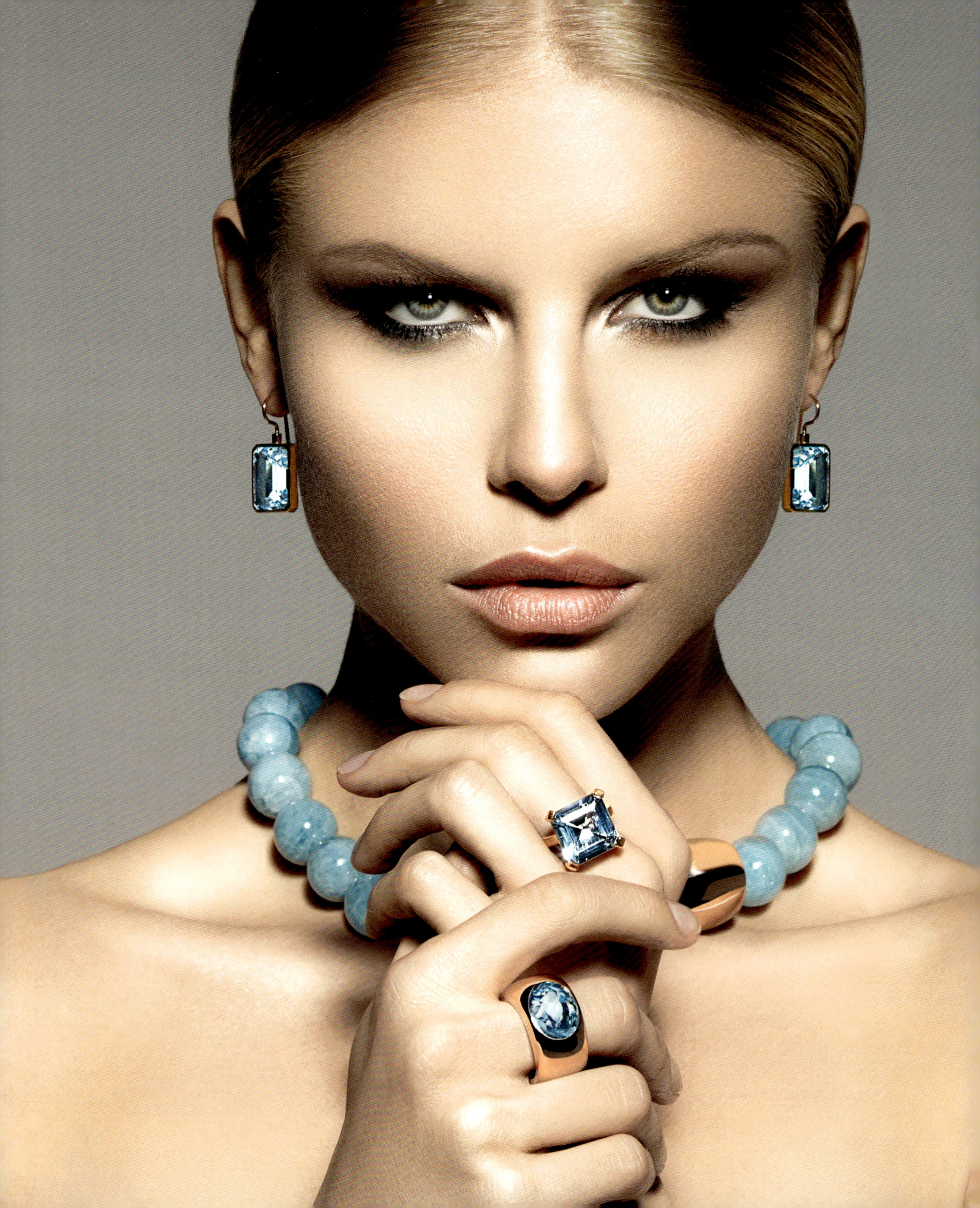

DAS GOLD DER MEISENBURG
Wie aus einer alten Dampfkornbrennerei eine edle Goldschmiedemanufaktur wurde

Einen echten Schatz haben Anna und Stephan Schneider da gehoben: Mit viel persönlichem Engagement hat das Ehepaar das brachliegende Gebäude einer ehemaligen Dampfkornbrennerei an der Essener Meisenburgstraße stilvoll restauriert und darin die *Brauksiepe Goldschmiedemanufaktur* eröffnet. In dem eindrucksvollen Ambiente findet der kostbare Traumschmuck der Goldschmiedemeisterin Anna Schneider, geborene Brauksiepe, einen angemessenen Rahmen.

„Die Inneneinrichtung haben wir bewusst modern gestaltet", sagt Ehemann und Geschäftsführer Stephan Schneider. Er ist nicht nur für das Marketing des Unternehmens zuständig, sondern hat auch das Interieur des Geschäfts entworfen – von streng angeordneten Vitrinen bis zu handgefertigten Sofas im Loungebereich. Schöne Parallele: Das Motto „Tradition trifft Moderne" gilt sowohl für das Gebäude als auch für die Handwerkskunst des Goldschmiedens.

„Geradlinig, puristisch und immer hochglanzpoliert", beschreibt Anna Schneider ihre Arbeiten, mit denen sie „die Menschen vor allem glücklich machen" möchte. Materialschwerpunkte sind Rotgold, „Schoeffel"-Perlen und geschliffene Edelsteine. Inmitten des Verkaufsraums liegt die „gläserne Manufaktur", in der die Goldschmiedemeisterin und ihr Team arbeiten. So können die Kunden live zusehen, wie Trauringe, Ohrschmuck, Ketten oder Manschettenknöpfe von Hand angefertigt werden. Ein echtes Erlebnis, das vielen Kunden die besonderen Fähigkeiten, die für das edle Handwerk benötigt werden, vor Augen führt.

Den direkten Kontakt zu seinen Kunden sucht das Team auch bei den beliebten „Meisenburg-Events". Aus ganz Deutschland kommen Schmuckfreunde dann in das schöne Gebäudeensemble nach Essen. Ein Besuch lohnt sich. Denn die *Brauksiepe Goldschmiedemanufaktur* ist weit mehr als ein Juwelier.

BRAUKSIEPE GOLDSCHMIEDEMANUFAKTUR
Anna und Stephan Schneider
Meisenburgstraße 266
45219 Essen
Telefon 0 20 54 / 9 38 86 50
info@brauksiepe-goldschmiedemanufaktur.de
www.brauksiepe-goldschmiedemanufaktur.de

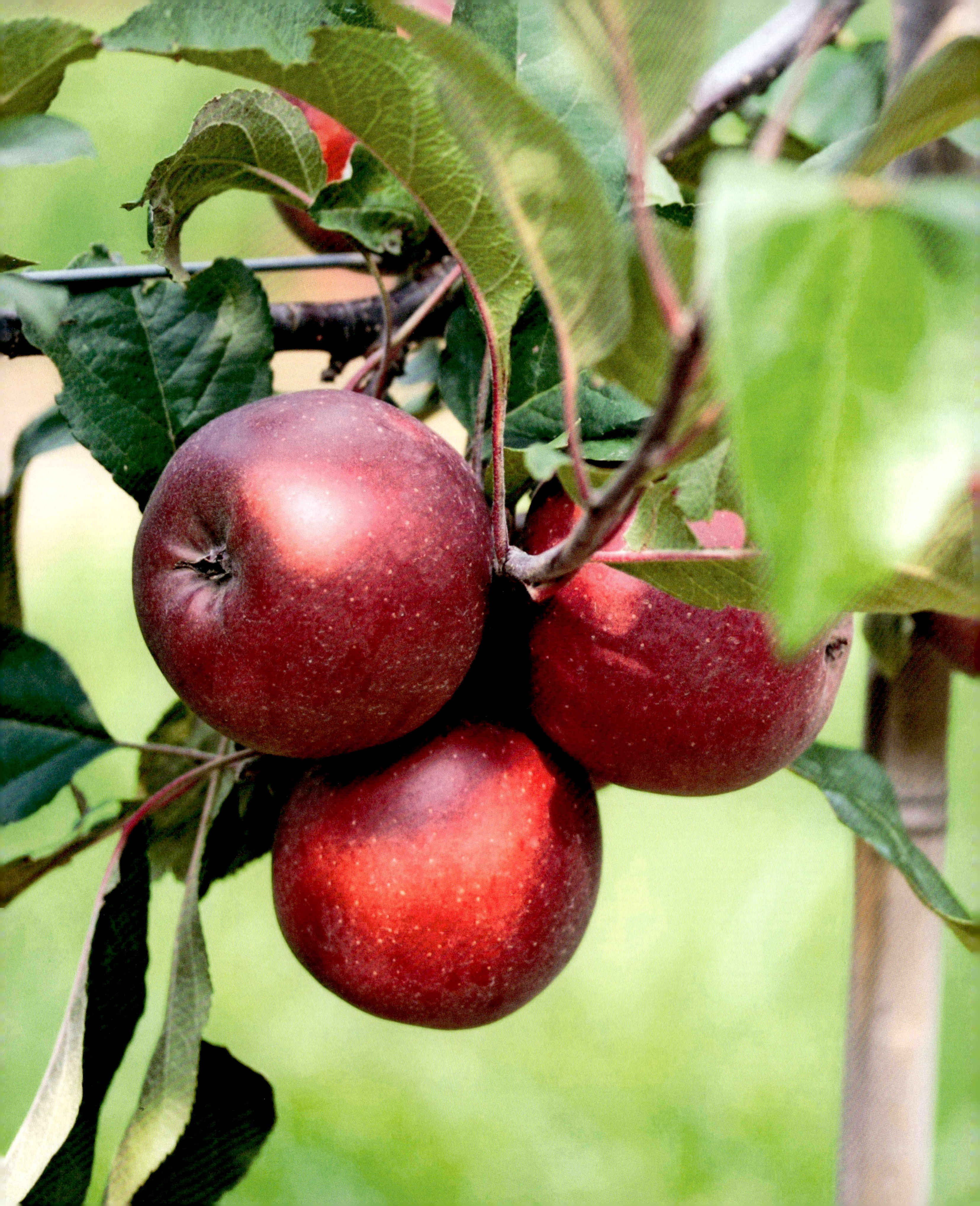

AUS LIEBE ZUM GUTEN GESCHMACK
Ein Hof lädt ein: zum Selberpflücken, Einkaufen und Feste feiern

Gut 850 Jahre alt ist die Geschichte des Bottroper *Hof*. Denn erstmals urkundlich Erwähnung fand das Familienunternehmen 1163. Nachdem vor rund 60 Jahren die Arbeitspferde abgeschafft worden waren, spezialisierte sich der Hof neben Hühnern mehr und mehr auf Obst und Gemüse. „Mitte der 1980er Jahre begann mein Vater Hansgeorg mit dem Anbau von Erdbeeren", berichtet Jörg Umberg und erinnert sich an die duftenden Felder, auf denen schon damals die Kunden selbst ihre Früchte pflücken durften. Heute führt er den Betrieb gemeinsam mit seiner Frau Susanne.

Inzwischen sind es neben den Erdbeeren auch Himbeeren und Brombeeren, Äpfel, Zwetschgen, Mirabellen, Pfirsiche, Nektarinen und Spargel, die auf den rund 80 Hektar großen Ländereien wachsen. Trotz der Konzentration auf wenige Obstsorten steckt die Vielfalt im Detail: Alleine 18 verschiedene Zwetschgen- und 14 Apfelsorten bietet *Hof Umberg* an. Darunter auch Besonderheiten wie weiße und dennoch reife Erdbeeren, die geschmacklich an Ananas erinnern, oder rotfleischige Äpfel. „Die behalten auch während der Verarbeitung ihre Farbe, so dass Saft oder Mus von dieser Sorte gut schmeckt und wunderschön aussieht", so Jörg Umberg.

Kaufen kann man die Produkte von *Hof Umberg* an verschiedenen Stellen. Die stimmungsvollste ist der eigene Hofladen, der das Herzstück des schön gelegenen Landwirtschaftsbetriebs bildet. Das Sortiment beinhaltet nicht nur das saisonal frische Obst, sortenreine Säfte sowie Eier aus Bodenhaltung von *Hof Umberg*, sondern auch Köstlichkeiten von anderen Anbietern. Eingemachte Gewürzgurken beispielsweise, Wurst und Käse, Gebäck, Gemüse, Kartoffeln und vieles mehr. Ein Ausflug auf den Hof und zu den Selbstpflückfeldern lohnt immer, besonders aber zu Pfingsten. Während des Spargel-Gourmet-Festivals dreht sich hier alles um Kulinarisches aus dem edlen Gemüse.

HOF UMBERG
Susanne und Jörg Umberg
Overhagener Feld 10
46244 Bottrop
Telefon 0 20 45 / 51 03
post@hof-umberg.de
www.hof-umberg.de

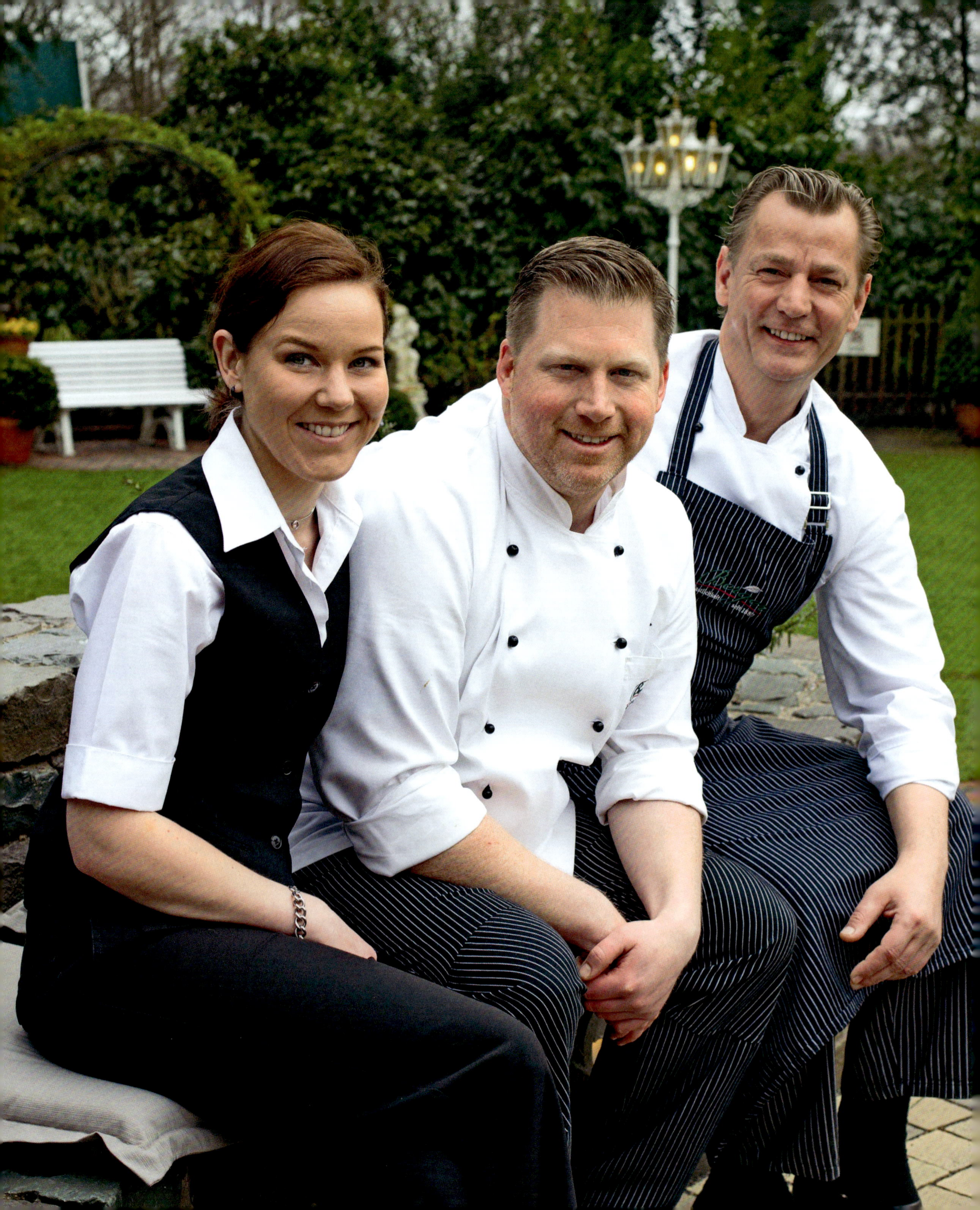

WENN DER VATER MIT DEM SOHNE
Ein traditionelles Gasthaus wird schonend umgekrempelt

Im *Gasthof Berger*, wo sich früher die Postreiter stärkten und später neben warmen Mahlzeiten und frischem Gebäck auch Zugbillets verkauft wurden, ist heute eine „klassische Küche mit modernen Ausschlägen" zu finden. So beschreibt Stefan Bertelwick, Koch aus Leidenschaft und Inhaber des im grünen Bottroper Norden gelegenen Familienunternehmens, seine Speisekarte. Seit er 2002 in den väterlichen Betrieb einstieg, verleiht er dem Gasthof seine individuelle Note.

Seine Gäste verwöhnt er mit typisch Westfälischem wie Lammrücken im Pumpernickelmantel oder Graupenrahmsuppe, aber auch mit asiatischen Variationen vom Lachs, Tafelspitz oder deftigem Sauerkrauteintopf. Besonders stark von den Jahreszeiten geprägt sind die Gerichte des so genannten „Beipackzettels". Je nach Saison stehen tagesfrisch zubereitete Spargel- oder Pilzgerichte auf der Extrakarte, ergänzt von Wild, Fisch oder Fleisch. Viele Zutaten bezieht *Gasthof Berger* von Zulieferern aus der Nachbarschaft: Der frische Fisch kommt aus Gladbeck, Eier, Äpfel und Beeren von Hof Umberg, Kartoffeln und Spargel von Hof Borgmann und Fleisch von Metzger Bellendorf aus Dorsten.

Nachmittags wird aus dem Gasthof ein Café – mit leckeren Kuchen aus „Theos Backstube". Stefans Vater Theo Bertelwick ist nämlich Konditor und seine Auswahl an frischen Kuchen und Torten seit Jahren bei Stammgästen und Ausflüglern gleichermaßen beliebt. „In die Quere kommen wir uns nicht", erläutert der Junior augenzwinkernd. „Mein Vater kann nicht kochen und ich kann nicht backen – das passt perfekt!"

Insgesamt 140 Sitzplätze bietet der Gasthof alleine innen – verteilt auf den großen Saal, das kleine „blaue" Zimmer, die Schänke und die beiden lichtdurchfluteten „Garten"- und „Rosen"-Zimmer. Von dort aus geht es auf die Terrasse und in den prächtigen Garten – ein schöner Ort für Sektempfänge und Kaffeetafeln.

GASTHOF BERGER
Stefan Bertelwick
Schlossgasse 35
46244 Bottrop
Telefon 0 20 45 / 26 68
info@gasthof-berger.de
www.gasthof-berger.de

„KIRCHHELLENER KNUSPEREI" AUF SPARGEL-SPINATRAGOUT MIT KROSSEM MESCHEDE-SCHINKEN UND TRÜFFELSENFRAHM
Dieses Rezept finden Sie auf Seite 140

Fördergerüste sind Teil der rheinischen Industriekultur, so auch der Thomson Bock in Dortmund von 1835.

Die Halde Schwerin in Castrop-Rauxel bietet einen tollen Ausblick und die Sonnenuhr von Jan Bormann aus 24 Edelstahlsäulen.

HOCH ODER TIEF – EINE FRAGE DER PERSPEKTIVE

Rund 650 Höhenmeter liegen zwischen dem Anfang und dem Ende des Flusslaufs: Auf einer ungefähren Höhe von 670 Metern entspringt die Ruhr im Rothaargebirge und bahnt sich 220 Kilometer lang ihren Weg durchs Sauerland und das Ruhrgebiet, bis sie bei Duisburg auf nur noch 20 Metern über Normalnull in den Rhein mündet. Ähnlich wie der Lauf der Ruhr lassen sich auch außergewöhnliche Orte und Landmarken in ihrer Nähe aus außergewöhnlichen Perspektiven erkunden: von ganz oben oder ganz unten. Das ist zum einen den natürlichen Gegebenheiten der Landschaft geschuldet, mit ihren bewaldeten Anhöhen und grünen Tälern, die sich überwiegend im Sauerland erkunden lassen. Und zum anderen dem Bergbau, der der Region eine komplexe unterirdische Infrastruktur und aussichtsreiche Halden beschert hat. Um sich zunächst einen guten Überblick zu verschaffen, sollte man hoch oben beginnen. Anschließend heißt es dann: ganz tief abtauchen!

Gleich beide Perspektiven kann man im Bochumer Bergbaumuseum einnehmen: Seit 1973 prägt das Doppelbockgerüst die Silhouette Bochums. Bis dahin ragte das Fördergerüst stolz über der Dortmunder Zeche Germania in die Höhe – immerhin galt es bei seiner Errichtung Mitte der 1940er Jahre als das weltgrößte seiner Art. Besucher des Museums können heute auf der Aussichtsplattform in luftigen 71,4 Metern Höhe ihren Blick über die Stadt schweifen lassen. Wer sich traut, kann anschließend 20 Meter tief einfahren und findet sich im originalgetreuen Anschauungsbergwerk unter Tage wieder. Hier kann man imposante Maschinen bestaunen und den mühsamen Arbeitsalltag der Kumpels hautnah erleben.

Wieder aufgetaucht, lässt sich fünf Autominuten vom Bergbaumuseum entfernt der nächste „Gipfel" erklimmen: Eingebettet in die Stadtteile Riemke, Grumme und Bergen erhebt sich der Tippelsberg und bietet einen fantastischen Blick über das Ruhrgebiet, bei gutem Wetter bis zu 80 Kilometer weit. Auf dem

Hoch blicken lässt das Essener Rathaus mit seinen über 100 Metern.

Gipfelplateau angekommen werden die urbanen Gipfelstürmer von einem 400 Quadratmeter großen Platz empfangen, umsäumt von acht Stahlstelen. Jede von ihnen ist mit einem Guckloch versehen, das den Blick ganz gezielt auf Sehenswürdigkeiten in der Umgebung lenkt. Eine der zahlreichen Legenden, die sich um den Tippelsberg ranken, besagt, dass er einst ein Lehmklumpen am Schuh des Riesen Tippulus war.

Apropos Riese: Bei guter Sicht kann man von Bochum aus bis nach Gelsenkirchen schauen und erblickt dort ebenfalls einen großen Mann – nämlich niemand geringeren als den starken Herkules. Stolz scheint der 18 Meter hohe Hüne über seinen Standort, den Gelsenkirchener Nordsternpark, zu wachen und soll markantes Symbol für die Stärke und Kraft der Region sein. Entworfen hat die Monumentalplastik der Künstler Markus Lüpertz – und zwar eigens für diesen Ort. Auf der Spitze des ehemaligen Förderturms, der heute über eine Besucherplattform verfügt, schaut der blauhaarige Herkules aus luftigen Höhen Richtung Schalke.

Eine kurze Verbindung zwischen Himmel und Erde ist in Gelsenkirchen ebenfalls zu finden. Dabei ist der Name Programm: Die „Himmelstreppe" auf der Halde Rheinelbe im Stadtteil Ückendorf bringt den Besucher den Wolken ein ganzes Stück näher. Faszinierend, bizarr, ungewöhnlich oder magisch lauten die Adjektive, mit denen dieser Ort beschrieben wird. Der Aufstieg des südlichen Teils beginnt in einem dichten Birkenwald, während auf halbem Weg zum Gipfel, der über spiralförmig angelegte Wege zu erklimmen ist, karger Schotter wartet. Auf dem sich nun darbietenden grauen Kegel thront ein gigantisches Objekt, zu dem eine steile Treppe führt. Aus Zechenfundamenten hat der Künstler Herman Prigann eine Skulptur

Die Zeche Minister Stein war das letzte fördernde Steinkohlebergwerk in Dortmund.

geschaffen, die nicht nur als weithin sichtbare Landmarke gilt, sondern dem Ort eine mystische Aura verleiht.

Dem Himmel ganz nah ist man auch auf der Hertener Halde Hoheward. Sie wurde aus insgesamt 180 Millionen Tonnen Bergematerial aufgeschüttet und erhebt sich nun über 152 Meter in die Luft. Zwei außergewöhnliche Dinge erwarten den Besucher auf dem Gipfelplateau: Eine Sonnenuhr und ein Horizontobservatorium lassen das Herz eines jeden Hobbyastronomen höher schlagen und vermitteln ein Stonehenge-Feeling der Neuzeit.

Wer seinen Blick möglichst weit über einen Großteil dieser abwechslungsreichen Region schweifen lassen möchte, sollte sich in die Innenstadt von Essen begeben. Das „höchste Verwaltungsgebäude Deutschlands", das Essener Rathaus, bietet mit seiner Panorama-Plattform in der 22. Etage eine fantastische Aussicht über das gesamte Stadtgebiet und einen Teil des Ruhrgebiets.

Nach all diesen Höhenflügen ist es an der Zeit, einfach mal abzutauchen. Das kann man ganz professionell im größten Indoor-Tauchbecken Europas, dem Tauchgasometer Duisburg. Der ehemalige Teleskopgasometer gehörte einst zu den „Rheinischen Stahlwerken zu Meiderich bei Ruhrort". Nach der Schließung der Stahlwerke setzte sich eine Bürgerinitiative erfolgreich für die Erhaltung des kleinen Hüttenwerks ein. Heute ist es als Landschaftspark Duisburg-Nord und beliebtes Freizeitziel bekannt. Der mit 21 Millionen Litern Süßwasser geflutete Gasometer hat einen Durchmesser von 45 Metern und eine Tiefe von 13 Metern. Künstliche Riffs, versenkte Boote oder Autos laden die Taucher ein, auf submarine Entdeckungsreisen zu gehen. Wer sich eiskalt erwischen lassen will, kann in weiteren Rundklärbecken im Winter dem Eistauchen frönen.

Unten wie oben: Den Blick kann der Besucher im Essener Stadtgarten (links) ebenso gut schweifen lassen wie auf der Gelsenkirchener Himmelstreppe.

Ebenfalls in Duisburg und ebenfalls ein Überbleibsel aus den Duisburger Hochzeiten der Stahlindustrie ist der Matena-Tunnel. Die 400 Meter lange Betonröhre verläuft unterhalb eines kolossalen Hochofenwerks und verbindet den Stadtteil Bruckhausen mit dem ehemaligen Stadtteil Alsum. Die unterirdische Verbindung wurde 1911 erbaut, als zum einen Alsum noch existierte und zum anderen der Stadtteil über einen hochfrequentierten Rheinhafen verfügte. Doch Rheinhochwasser sowie starke Bergbau- und Kriegsschäden zwangen die Bewohner dazu, ihren Stadtteil zu verlassen. Heute ist er komplett verschüttet und bekannt als „Alsumer Berg". Der Tunnel, als betonierter Zeitzeuge, wird heute noch immer als Fußgänger- und Autounterführung genutzt und besticht durch seinen maroden Charme. Den wusste übrigens auch Kultkommissar Schimanski zu schätzen: Die Unterführung diente als Kulisse für rasante Verfolgungstouren der beliebten Krimi-Reihe.

Nicht ganz so rasant kann man den ehemaligen Eisenbahntunnel in Hattingen, den Schulenbergtunnel, durchqueren. Er diente Ende des 19. Jahrhunderts als direkte Verkehrsverbindung zwischen dem Bergischen Land und dem Hattinger Kohleabbaugebiet für die Lokomotiven. 1984, beinahe genau 100 Jahre nach seiner Eröffnung, wurde die Strecke stillgelegt und zum Radweg umgebaut. Damit gilt sie als erster Radwegtunnel des Ruhrgebiets. Beide Eingänge werden durch beeindruckende Portale aus der Gründerzeit markiert. Interessantes Detail: Eigentlich hat der Tunnel reguläre Öffnungszeiten. Wenn jedoch gerade der Job des „Abschließers" unbesetzt ist, hat man 24 Stunden lang freie Fahrt.

Seit 2001 zählt die Zeche Zollverein in Essen zum UNESCO-Weltkulturerbe.

Lahnsteiner
Zwickel
0,3 l 2,50 €
0,5 l 3,50 €

ERST ERNTEN, DANN EINKAUFEN
Ein junges hochmotiviertes Team rettet den Ruf einer uralten Gastronomie

Das *Restaurant Mausefalle* ist in einem der ältesten und schönsten Fachwerkhäuser der Stadt beheimatet. 1655 erbaut kehren hier heute Einheimische, Touristen und Geschäftsleute aus aller Welt ein und genießen in den beindruckenden Räumlichkeiten die heimische Küche. Umso tragischer, dass der legendäre Ruf der *Mausefalle* durch Misswirtschaft beinahe ruiniert worden wäre. Verhindert hat das der junge Küchenmeister Hendrik Peek. Seit Anfang 2013 lenkt er als Inhaber und Küchenchef die Geschicke des Hauses.

Sein Konzept: „Unsere Küche ist bodenständig, wir kochen regional und saisonal. Genau dafür kommen die Gäste zu uns." Nahezu alle Speisen – darunter Brot, Schupfnudeln und Suppenfonds – sind handgemacht, viele Zutaten stammen sogar aus eigenem Anbau. Salat, Rote Bete, Bohnen oder Kohl baut er ganzjährig auf einem großflächigen Acker an. „Erst wird geerntet, dann eingekauft", lautet die Devise von Küchenchef Hendrik Peek.

In der Küche, die nur neun Quadratmeter misst, zaubern er und sein motiviertes Team überwiegend deutsche und insbesondere „Ruhrpott"-Gerichte: Spanferkelhaxe mit Sauerkraut und Klößen oder Himmel un Ääd – Panhas mit Kartoffel-Apfelstampf und Röstzwiebeln. Steakvariationen und Fischgerichte gehören ebenso zum täglich frisch zubereiteten Angebot wie Vegetarisches. Dazu schmeckt ein Echt Mölmsch, ein traditionelles Mülheimer Bier.

Über fünf gemütliche Geschosse erstreckt sich das Restaurant. Neben Gewölbekeller, Schankbereich und zwei Restaurantebenen gibt es auch eine geräumige Terrasse. Dort nimmt man zwischen üppig gedeihenden, duftenden Kräutern Platz, die in der Küche Verwendung finden. „Von Basilikum bis Salbei – alle Kräuter und Blüten werden vor den Augen unserer Gäste frisch gepflückt", so der Küchenchef mit dem grünen Daumen.

RESTAURANT MAUSEFALLE
Hendrik Peek
Bogenstraße 8
45468 Mülheim
Telefon 02 08 / 3 05 98 60
info@mausefallemuelheim.ruhr
www.mausefallemuelheim.ruhr

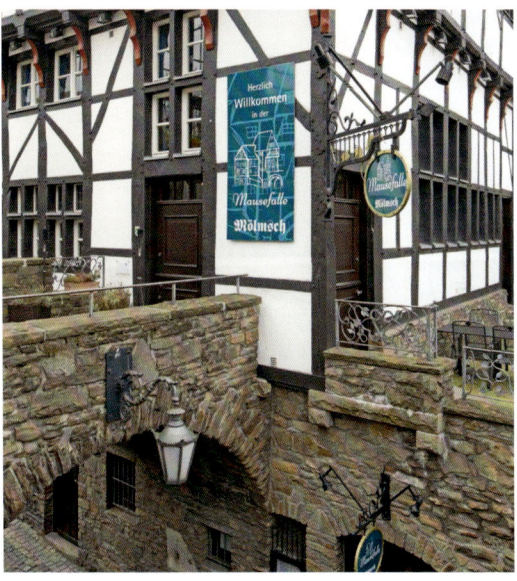

PANHAS MIT HIMMEL UN ÄÄD
Dieses Rezept finden Sie auf Seite 141

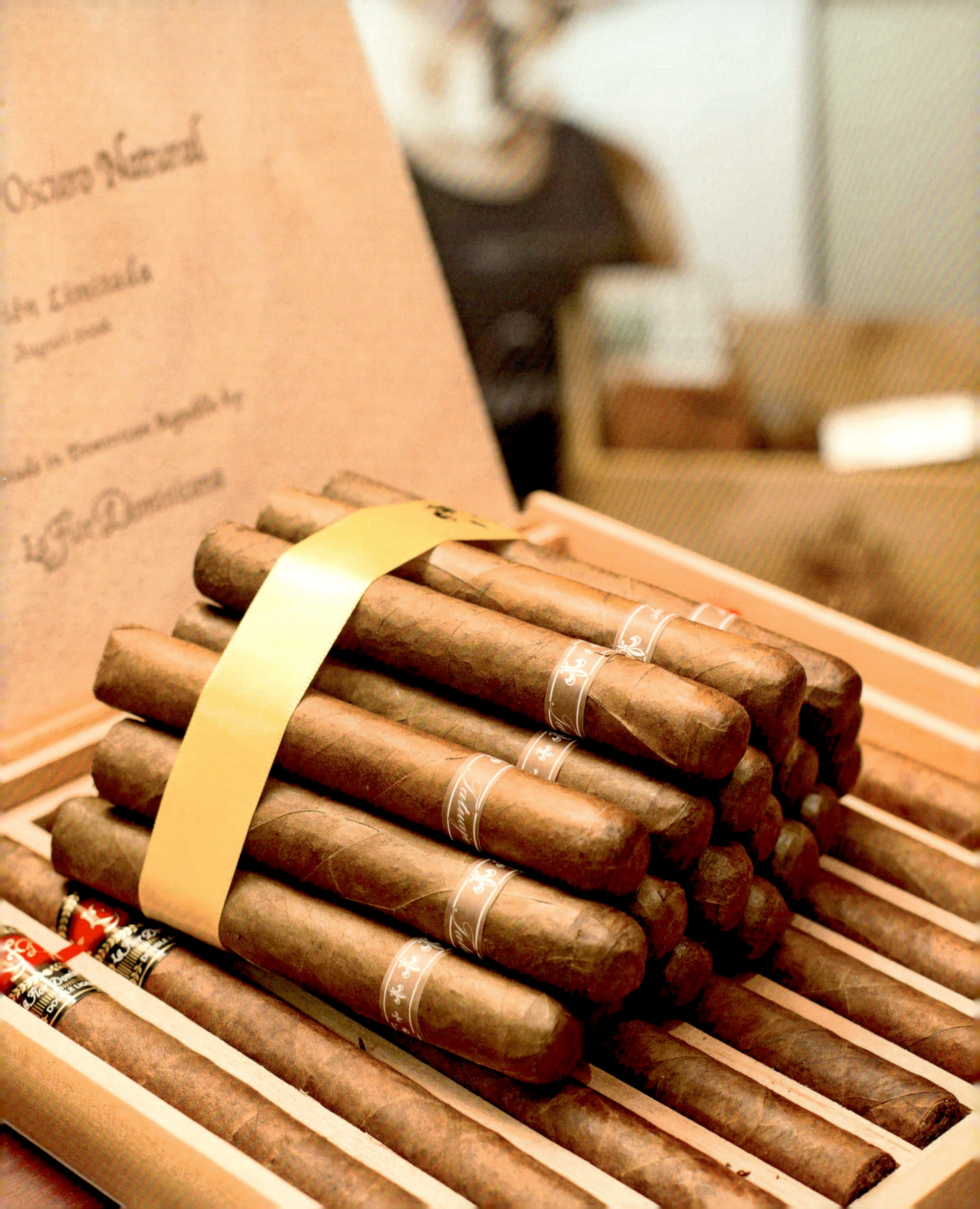
Oscuro Natural

EIN HAUCH VON HAVANNA
Ein Treffpunkt kultiviert angeregte Gespräche und genussvolles Rauchen

Schon seit 1998 betreibt Ron Noack, ehemaliger Eishockey-Spieler und heute hauptberuflich Genussmensch, sein *House of Cigars*. Sein exzellent sortiertes Fachgeschäft mit integrierter „Smokers Lounge" ist längst zu einer wahren Raucheroase in der Duisburger City geworden. Dazu trägt nicht nur der begehbare Humidor bei, in dessen feuchtwarmem Klima eine beeindruckende Auswahl an Zigarren fachgerecht gelagert wird, sondern auch die entspannte Atmosphäre, in der sich Gleichgesinnte hier zum gemeinsamen Rauchen treffen.

„Mein Traum ist in Erfüllung gegangen: Menschen jeden Alters und Berufs kommen zusammen, genießen eine gute Zigarre und kommen ins Gespräch", freut sich Ron Noack. Verschiedene Gruppen haben sich schon gefunden und machen es sich regelmäßig in seinem Hinterzimmer gemütlich. Kein Wunder: Schwere Ledersessel, klassische Schwarz-Weiß-Fotografien, dezenter blauer Dunst und stimmungsvolle Soul-Klänge verbreiten authentisches Karibik-Feeling. An warmen Sommertagen lassen sich die Zigarren-Aficionados auch im windgeschützten „Smokers Garden" nieder.

Ob Kenner oder Neuling – im *House of Cigars* werden alle fündig und gerne vom Inhaber beraten. Ron Noack ist schon viel gereist, hat Zigarrendrehern bei der Arbeit zugeschaut. „Die Marken- und Formatvielfalt der Zigarren ist genauso groß wie die persönlichen Unterschiede beim Geschmack oder Budget", sagt er. Von Hand gerollte Longfiller mit so klangvollen Namen wie „Romeo y Julieta" finden sich in seinem Klimaschrank ebenso wie kurze oder dicke Varianten. Kurz: feinste Rauchware aus aller Welt. Darüber hinaus professionelles Zubehör wie Humidore für den privaten Gebrauch, Pfeifen, Zigarrenschneider oder Aschenbecher. Wer sich für die Herstellung von Zigarren und die vielfältigen Geschmacksnuancen interessiert, kann im *House of Cigars* auch Seminare besuchen.

HOUSE OF CIGARS
Ron Noack
Wallstraße 10
47051 Duisburg
Telefon 02 03 / 28 40 48
info@house-of-cigars.de
www.house-of-cigars.de

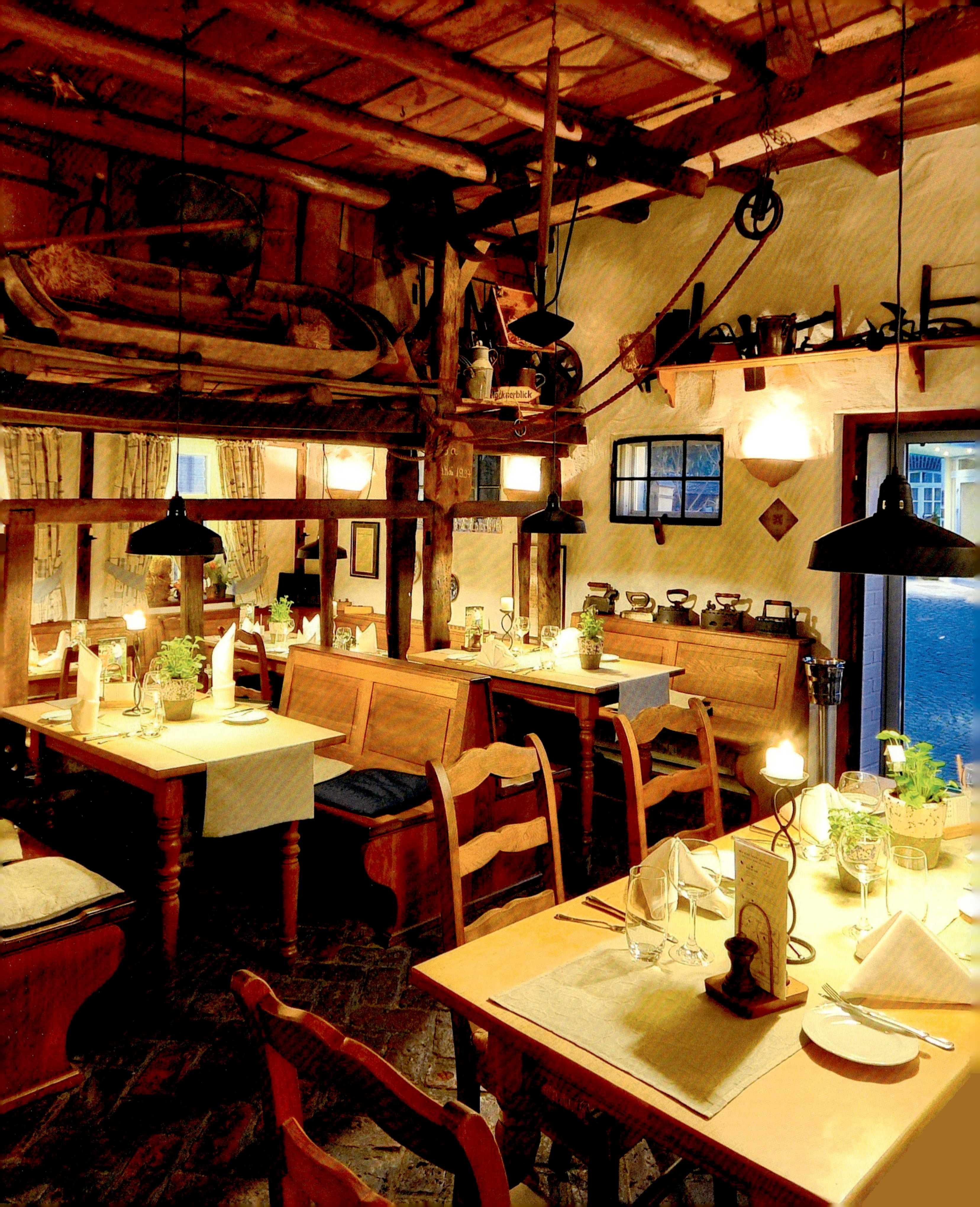

WO GUTER GESCHMACK ZUHAUSE IST
Entspannen, Schlemmen und Tagen in entschleunigender Umgebung

Erstmals urkundlich erwähnt wurde das heutige *Wellings Romantik Hotel zur Linde* bereits um 1870. Damals wie heute steht eine Linde auf dem Kirchplatz – die Namensgeberin für das von Familie Welling geführte Hotel. Seitdem hat sich die einfache Gaststätte zu einem kulinarisch reizvollen Treffpunkt mit 180 Restaurantplätzen gewandelt. „Wir bieten unterschiedliche Räumlichkeiten im zünftig umgebauten Kuhstall, auf der lichtdurchfluteten Tenne oder im eleganten Kirchzimmer", sagt Juniorchef Falko Welling. Gemeinsam mit seiner Schwester Eva und den Eltern Maria und Elmar Welling erfüllt er die Wünsche der Gäste.

Die Speisekarte von *Wellings* ist geprägt von einer frischen Küche mit starken regionalen Einflüssen. So servieren Küchenchef Peter Waldmann und sein Team im Frühsommer Wallbecker Spargel, im Herbst und Winter Wildgerichte wie Frischlings- oder gebeizten Hirschrücken. Das ganze Jahr über finden sich neben Fisch, heimischen Schnecken sowie feinen Suppen und Eintöpfen auch vegane und vegetarische Gerichte auf der Speisekarte – nicht selten aus regionaltypischem Grünkern. Für besonders feierliche Anlässe werden die Speisen individuell zusammengestellt und von einer Auswahl aus rund 160 Weinen und fünf Bieren vom Fass begleitet.

Neben Gastronomie und Bankett ruht das Familienunternehmen auf zwei weiteren Säulen: dem Tagungsbereich sowie dem Hotel mit über 60 modern eingerichteten Zimmern und Suiten. „Seit rund fünf Jahren gehören wir zur Hotelkooperation der Romantik Hotels", so Falko Welling. „Und egal, ob zum Entspannen oder zum Arbeiten – unsere Gäste kommen aus der ganzen Welt angereist – und ganz gezielt zu uns." Die Gründe liegen auf der Hand: In der persönlichen Atmosphäre des Hauses, der ländlichen Umgebung und den Wohlfühlzimmern lässt sich ebenso herrlich entspannen wie effizient arbeiten und gemütlich feiern.

WELLINGS ROMANTIK HOTEL ZUR LINDE
Familie Welling
An der Linde 2
47445 Moers-Repelen
Telefon 0 28 41 / 97 60
info@hotel-zur-linde.de
www.wellings.de

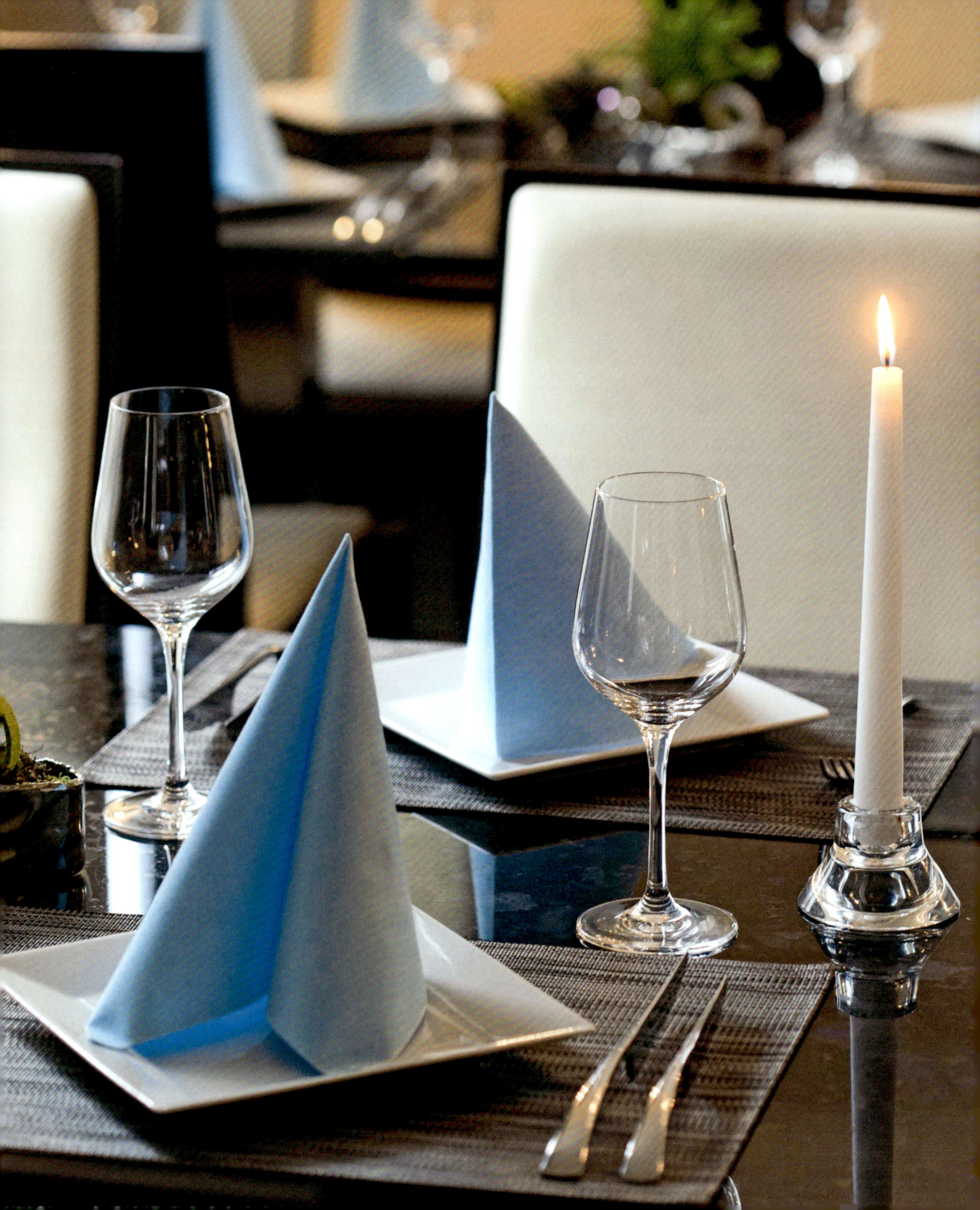

FRISCHE IST TRUMPF
Morgens auf dem Acker, abends auf dem Teller – so kocht Stephan Hedrich

"Für meine Gerichte verwende ich zu 95 Prozent frische Produkte", sagt der erst Mitte 20-jährige Stephan Hedrich. Seit 2010 ist er Inhaber und Koch des *Restaurant Klosterpforte*, das sich rund 200 Meter Luftlinie von Kloster Kamp und etwa zweieinhalb Kilometer von der Innenstadt entfernt befindet. Die umliegenden Felder liefern die Zutaten für seine Gerichte: Rot- und Grünkohl, Spargel, Kräuter, Salat und vieles mehr. Frisch zubereitet serviert er das Gemüse als Beilagen zu seinen fein abgeschmeckten Fleisch- und Wildgerichten oder als zünftigen Eintopf.

Aus einem Kochhaushalt stammend hat der junge Wilde seinen ganz eigenen und authentischen Stil entwickelt. Das gilt für seine Speisekarte – mit Lammspießen auf Safran-Mangobulgur oder Wildburger mit Apfelscheiben und Gorgonzola – ebenso wie für die Einrichtung seines Restaurants. Die 50 Sitzplätze im Inneren verteilen sich auf einen geräumigen Speisesaal, einen kleineren Gastraum sowie den mit roten Ledersesseln im Retrostil eingerichteten Lounge-Bereich. Für Veranstaltungen und Feiern kann Platz für bis zu 130 Personen geschaffen werden. Sobald sich die Sonne zeigt, lassen sich die Gäste des *Restaurant Klosterpforte* allerdings am liebsten im großzügigen Biergarten verwöhnen.

Hier sitzt man nicht nur herrlich ruhig, sondern kann wahlweise den Blick in die Ferne schweifen lassen oder die Spieler des angrenzenden Golfplatzes beim Putten beobachten. Unmittelbar hinter dem Restaurant liegt auch die Wiese mit den Mirabellen- und Zwetschgenbäumen, deren Früchte Stephan Hedrich zu selbstgemachten Brotaufstrichen und Likören verarbeitet. Auch Gänseschmalz nach eigener Rezeptur füllt er in Gläser ab und verkauft sie an seine Gäste. "Einfach so, weil ich unheimlich viel Spaß am Brutzeln, Schwenken und Experimentieren mit frischen Produkten habe", so der junge Koch.

RESTAURANT KLOSTERPFORTE
Stephan Hedrich
Rheinberger Straße 81
47475 Kamp-Lintfort
Telefon 0 28 42 / 9 08 24 44
info@klosterpforte-kamp.de
www.klosterpforte-kamp.de

Der Fisch steht als Symbol für Nahrung und für den christlichen Glauben, hier als Türgriff an der St. Lambertus Kirche in Castrop-Rauxel.

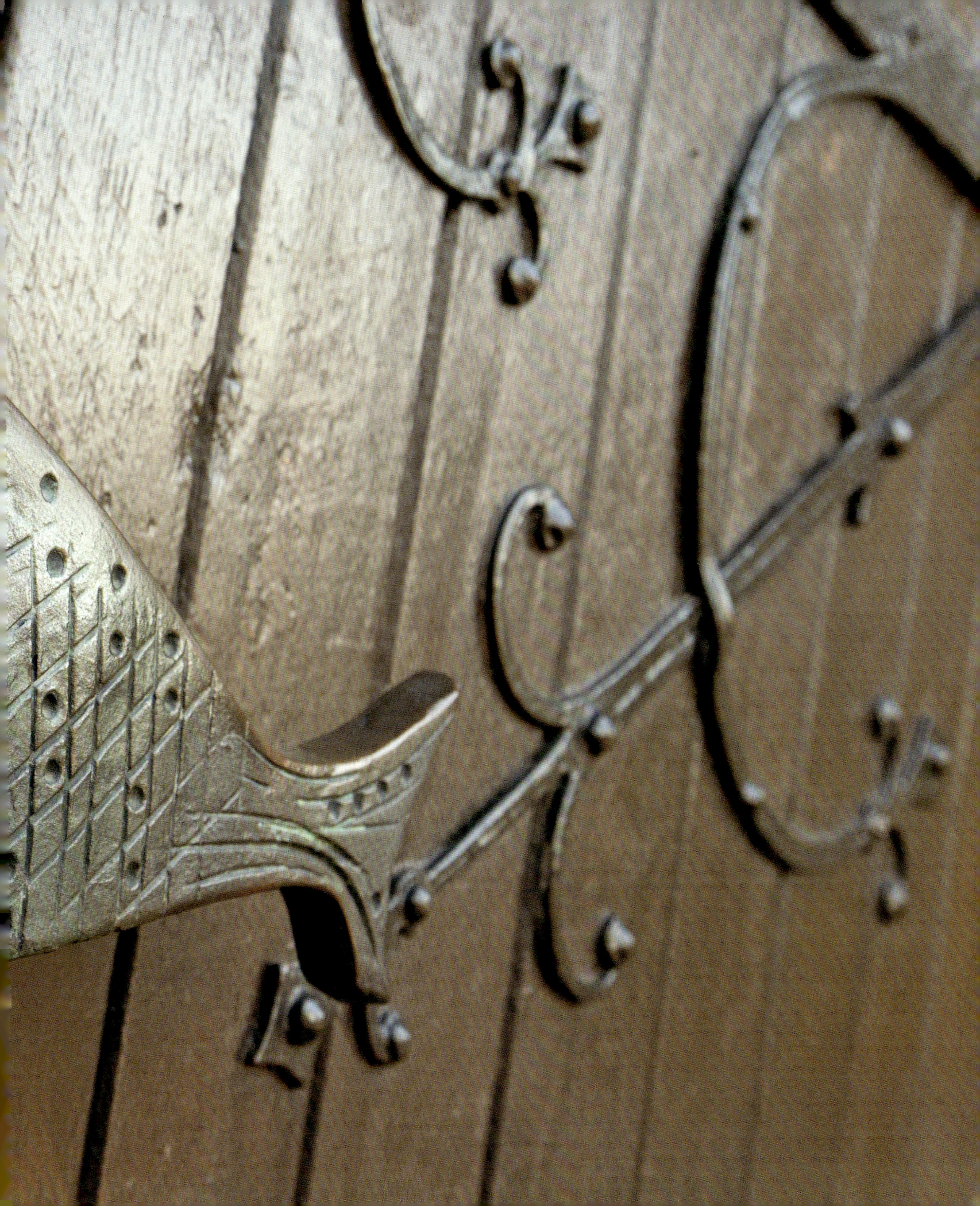

REZEPTE

PERLHUHNBRUST IM SPECKMANTEL MIT RAHMSAUERKRAUT UND SCHUPFNUDELN

Hotel Engemann Kurve, Seite 16

ZUTATEN FÜR 4 PERSONEN

Perlhuhnbrust: 800 g Perlhuhnbrust, 12 Speckscheiben
Rahmsauerkraut: 400 g Sauerkraut, 250 ml Sahne, 50 ml Weißwein, 1 Lorbeerblatt, 2 Wacholderbeeren, Salz, Pfeffer, Zucker
Schupfnudeln: 400 g Kartoffeln, 125 ml Wasser, 75 g Mehl, 1 Ei, 2 EL Speisestärke

ZUBEREITUNG

Die Perlhuhnbrust in Speck einwickeln und anbraten. Bei 160 °C ca. 12 Minuten im Ofen garen lassen.
Das Sauerkraut mit Lorbeerblatt und zwei Wacholderbeeren aufsetzen. Weißwein zugeben und weich kochen. 250 Milliliter Sahne zugeben, einköcheln lassen, mit Salz und Pfeffer abschmecken.
Für die Schupfnudeln Wasser mit Salz und Pfeffer aufkochen. Mehl einrühren, bis sich Masse vom Boden löst. Gekochte Kartoffeln dazu pressen und Ei untermengen. Stärke dazu geben und gut vermengen. Masse nun zu Schupfnudeln drehen und in Wasser abkochen, bis sie an der Oberfläche schwimmen. In der Pfanne braten.

OCHSENBACKEN

Hapimag Hochsauerland, Seite 18

ZUTATEN FÜR 4 PERSONEN

800 g Ochsenbacken, 2 Möhren, 1 Stange Lauch, 1 große Zwiebel, ½ Sellerieknolle, 500 ml Rotwein, 200 ml Aroniasaft, 100 ml Brühe
Frühlingsgemüse: 2 Stangen weißer Spargel, 2 Stangen grüner Spargel, 4 Karotten, 12 Cherrytomaten, Olivenöl, Butter
Kartoffel-Sellerieschaum: 250 g Kartoffeln, 120 g Sellerie, 40 ml Sahne, 400 g Kräuter der Saison, 1 Prise Salz, 1 Prise Chili, 1 Prise Muskat

ZUBEREITUNG

Ochsenbacken mit Salz und Pfeffer würzen, in etwas Öl anbraten. Möhre, Lauch, Zwiebel, Sellerie in walnussgroße Stücke schneiden und mit anbraten. Mit Rotwein ablöschen und reduzieren. Aroniasaft und etwas Brühe dazugeben, bis die Ochsenbacken bedeckt sind. Den Topf verschließen und das Fleisch bei 80 °C für circa 4 Stunden im Ofen schmoren. Ochsenbacken herausnehmen und Sauce nach Wunsch mit etwas Maisstärke abbinden, durch ein Sieb passieren und abschmecken. Gemüse waschen, schälen, schneiden, zuckern und salzen, für 20 Minuten marinieren. Danach in einer Pfanne bei großer Hitze mit etwas Olivenöl und geschlossenem Deckel für 4 Minuten garen. Zum Schluss kleine Butterflocke unterziehen. Für den Schaum Kartoffeln und Sellerie waschen, schälen und in kleine Würfel schneiden, in Salzwasser weich kochen, abgießen. Mit Sahne zu einem dickflüssigen Püree stampfen. Abschmecken mit Salz, Chilipulver, geriebener Muskatnuss. Das warme Püree vor dem Servieren mit etwas geschlagener Sahne verfeinern.

DREIERLEI VON DER HEIDELBEERE UND CRÈME FRAÎCHE-EIS
Gutshof Itterbach, Seite 26

ZUTATEN FÜR 6 PERSONEN
Heidelbeersorbet: 500 g Heidelbeerpüree, 100 g Zucker, 50 g Glukosesirup, 4 cl Cachaca
Heidelbeergelee: 200 g Heidelbeerpüree, 1 Zitrone, 6 g Pektin, 100 g Zucker
Heidelbeermousse: 200 g Heidelbeerpüree, 200 g geschlagene Sahne, 50 g Eigelb, 75 g Zucker, 2 cl Obstler, 2 Blatt Gelatine
Crème fraîche-Eis: 120 g Eigelb, 160 g Zucker, Prise Salz, 250 ml Milch, 200 ml Sahne, 300 ml Crème fraîche

ZUBEREITUNG
Für das Heidelbeersorbet den Glukosesirup mit Zucker und Cachaca im Topf erwärmen, mit Heidelbeerpüree vermischen, in der Eismaschine gefrieren lassen.

Für das Heidelbeergelee das Heidelbeerpüree mit dem Saft einer Zitrone und der Hälfte des Zuckers aufkochen, Pektin einrühren und 1 Minute köcheln lassen. Die Masse in ein mit Klarsichtfolie ausgelegtes Gefäß füllen. Nach dem Erkalten aus der Form stürzen, in die gewünschte Größe schneiden und im restlichen Zucker wälzen.

Für das Heidelbeermousse das Eigelb mit dem Zucker über einem Wasserbad schaumig schlagen, die eingeweichte Gelatine und Obstler hinzufügen. Die Masse kalt rühren, Heidelbeerpüree und geschlagene Sahne unterheben. Im Kühlschrank anziehen lassen.

Für das Crème fraîche-Eis die Milch mit Sahne und Salz aufkochen, Eigelb und Zucker über Wasserdampf aufschlagen, die Milchmischung unterrühren. Zur Rose abziehen, die Crème fraîche unterrühren und gefrieren lassen.

CARPACCIO VOM SCHMALTIER
Waldhotel Schinkenwirt, Seite 30

ZUTATEN FÜR 10 PERSONEN
1 kg Oberschale vom frisch erlegten Schmaltier, 25 g grobes, Steinsalz, Prise Pökelsalz, frischer Rosmarin nach Geschmack, schwarze gestoßene Pfefferkörner, grob geschnittener Knoblauch, hochwertiges Olivenöl, Salz und Pfeffer, frisch gehobelter Grana Padano oder Parmesan, Blüten und Kräuter zur Dekoration

ZUBEREITUNG
Für das Carpaccio wird die Oberschale aus der Keule eines frisch erlegten Tieres gelöst. Fleischstück sauber parieren, wiegen und zusammen mit den Gewürzen im Vakuumbeutel vakuumieren beziehungsweise fest verschließen. Mindestens 14 Tagen im Kühlschrank reifen lassen. Aus dem Beutel nehmen, die Gewürze abstreifen und mit Küchenpapier trocken tupfen. Auf einer guten Schinkenschneidemaschine dünne Scheiben (gegen die Faser) schneiden und auf einem Teller beziehungsweise einer Platte nebeneinander anrichten. Mit etwas Salz und Pfeffer aus der Mühle würzen, mit hochwertigem Olivenöl reichlich beträufeln und anschließend mit etwas Grana Padano- bzw. Parmesan-Spänen bestreuen. Dazu passen frisch gebackenes Krusten(weiß)brot und ein kräftiger Grauburgunder.

REZEPTE

SCHWEINEBAUCH 68 / 24
Merte Metzgerei & Partyservice, Seite 40

ZUTATEN FÜR 4 PERSONEN
1,5 kg Schweinebauch ohne Knochen, 150 ml Rapsöl, 6 Schalotten, 5 Knoblauchzehen, 5 Lorbeerblätter, 1 l Kalbsjus, 1 l Geflügelfond, 1 TL Pfefferkörner weiß, 1 TL Koriandersamen, 1 TL Kreuzkümmel, 1 TL Kümmel ganz, die Schale einer Limette, Salz, Pfeffer

ZUBEREITUNG
Den Schweinebauch von beiden Seiten in Rapsöl scharf anbraten und dann nach Belieben mit Salz und Pfeffer würzen. Die Schalotten grob würfeln, die Knoblauchzehen halbieren und in etwas Rapsöl anrösten. Mit Kalbsjus und Geflügelfond ablöschen. Lorbeerblätter, weiße Pfefferkörner, Koriandersamen, Kreuzkümmel, Kümmel und die Schale der Limette dazugeben und aufkochen. Den Schweinebauch in ein tiefes Backofenblech legen und den Gewürzsud dazu gießen, im Backofen bei 68 °C 24 Stunden garen. Nach 24 Stunden den Schweinebauch aus dem Sud nehmen, den Sud durch ein Sieb passieren, etwas binden mit angerührter Maisstärke und die fertige Sauce zum Schweinebauch servieren. Dazu passen Dicke Bohnen und Bratkartoffeln.

RINDERROULADEN
Schäferhof, Seite 42

ZUTATEN FÜR 4 PERSONEN
4 Rouladen aus der Rinder-Oberschale à 200 g, 3 EL Ganzkorn-Senf, 1 Metzgerzwiebel, 8 Scheiben Speck, 4 Cornichons, 200 g Rinderhack (ungewürzt), 400 ml Rotwein, 2 EL Tomatenmark, Rübenkraut, Pfeffer, Salz, Speisestärke

ZUBEREITUNG
Die Rouladen ausbreiten und mit Pfeffer und Salz würzen. Mit Senf gleichmäßig bestreichen. Zwiebel in Scheiben schneiden und auf die Rouladen legen. Dann jeweils mit 2 Scheiben Speck, 1 Cornichon und jeweils 50 Gramm Rinderhack belegen. Die Rouladen fest zusammenrollen und mit einem Zahnstocher fixieren. Anschließend bei mäßiger Hitze gleichmäßig anbraten und in ein nicht zu großes Backofenbehältnis legen, am besten eng nebeneinander. Tomatenmark in die Pfanne geben und mit Rotwein ablöschen.
Rouladen mit dem Fond übergießen, bis sie bedeckt sind. Im Ofen bei 80 °C 18 Stunden zugedeckt garen.
Dann die Rouladen aus dem Fond nehmen und diesen in einem Topf etwas einreduzieren lassen, bis das Aroma richtig hervorkommt. Mit Rübenkraut, Pfeffer und Salz abschmecken. Mit Speisestärke abbinden bis zur gewünschten Konsistenz. Rouladen in der Soße bei schwacher Hitze erwärmen und servieren.
Dazu passen Apfelrotkohl und selbstgemachte Butterspätzle.

GARTENSALAT LANDGASTHOF SEEMER
Landgasthof Seemer, Seite 56

ZUTATEN FÜR 4 PERSONEN
ca. 480 g Blattsalate der Saison, 60 g Pinienkerne,
60 g Walnüsse, karamellisiert, 80 g Brotwürfel, geröstet, Olivenöl, frischer Schnittlauch, nach Geschmack: Koriandergrün
Balsamico Dressing: *50 ml Balsamico Tipico, 100 ml Olivenöl, Wasser, Salz, Pfeffer, Zucker oder Honig, 1 TL Honigsenf*
Rohmilchkäse im Speckmantel: *400 g Rohmilchkäse, 4 TL Honig, 4 Zweige Rosmarinblätter, 8 Scheiben mageren Bauchspeck, Butterschmalz*
Tatar von der Sauerländer Forelle: *600 g Forellenfilets frisch aus der Wenne, 4 Limetten, 1 rote Zwiebel, Salz, Pfeffer, Zucker*

ZUBEREITUNG
Für das Dressing Essig, Senf, Zucker/Honig, Salz und Pfeffer aufmixen. Öl nach und nach untermixen. Wasser zum Schluss langsam einmixen. Blattsalate nach Saison zusammenstellen und wenn möglich alles Essbare aus dem Garten dazu zupfen, zum Beispiel Sauerampfer, Rote Bete-Blätter oder Kapuzinerkresse.
In einem großen Weckglas mit Deckel anrichten, geröstete Pinienkerne und karamellisierte Walnüsse sowie knusprige Brotwürfel dazugeben und das Dressing separat servieren.
Dazu schmecken Rohmilchkäse im Speckmantel oder Tartar von der Sauerländer Forelle. Dafür den Rohmilchkäse mit Honig beträufeln und kleine Rosmarinblätter auflegen. Mit zwei mageren Scheiben Bauchspeck komplett einwickeln und langsam in einer Pfanne mit Butterschmalz knusprig braten.
Für das Forellentartar die Forellenfilets in etwa 0,5 Zentimeter große Würfel schneiden, in eine Schüssel geben und mit dem Limettensaft begießen; der Fisch sollte so gut wie bedeckt sein. Zwiebel fein würfeln und zugeben, durchmischen und etwa 3 Stunden im Kühlschrank durchziehen lassen. Nach etwa 15 Minuten Salz, Pfeffer und Zucker zugeben. Nach 3 Stunden den Großteil des Limettensaftes abgießen. Den Schnittlauch und nach Geschmack das Koriandergrün und das Olivenöl untermischen, noch einmal abschmecken.

REZEPTE

ROGGENMISCHBROT
Bäckerei Hahne, Seite 60

ZUTATEN FÜR ZWEI BROTE À 750 GRAMM
500 g Sauerteig (TA 180), 520 g Roggenmehl (Typ 1150), 200 g Weizenmehl (Typ 812), 20 g Hefe, 18 g Salz, ca. 500 ml Wasser

ZUBEREITUNG
Zutaten abwiegen und auf einer sauberen Arbeitsfläche zu einem Teig kneten. Der Teig sollte eine Temperatur von 29 bis 30 °C haben und 20 Minuten ruhen. Anschließend zwei Teigstücke passend zur Backform abwiegen sowie rund- und langwirken – also mit den Händen formen. Backform einfetten, Teigstücke hineingeben und an einem warmen Ort gehen lassen. Ofen auf 240 °C vorheizen. Ist der Teig aufgegangen, mit einer Gabel leicht die Oberfläche einstechen, mit Wasser besprühen und in den Ofen geben. Die Temperatur auf 200 °C herunterregeln. Die Backzeit beträgt je nach Größe des Brotes circa 70 Minuten.

GIN BASIL SMASH
Eichelhardts Weinkontor, Seite 74

ZUTATEN FÜR EINEN COCKTAIL
6 cl Madame Geneva Gin Blanc, 10–15 Blätter Basilikum, 2 cl frischer Zitronensaft, 2 cl Zuckersirup, Eiswürfel

ZUBEREITUNG
Basilikum und Zuckersirup in den Shaker geben und mit dem Stößel zerreiben. Zitronensaft, Gin und Eiswürfel dazugeben und kräftig shaken. Durch ein Feinsieb in einen Tumbler mit einigen Eiswürfeln abseihen. Mit Basilikumblättern dekorieren.

GEBRATENE GARNELEN MIT SCHWARZEN NUDELN
Gasthof Daute, Seite 76

ZUTATEN FÜR 4 PERSONEN
16 Garnelen (Größe: 8/12, roh geschält), 200 g schwarze Bandnudeln, 30 ml Olivenöl, 1 Zwiebel (in Würfel geschnitten), 2 Knoblauchzehen (in feine Scheiben geschnitten), 150 g Butter, 100 ml Sweet Chili Sauce for Chicken, 10 ml Fischsauce (aus dem Asialaden), 1 Stängel Estragon

ZUBEREITUNG
Die Nudeln bissfest kochen. In der Zwischenzeit die geschälten Garnelen in Olivenöl anbraten, Zwiebeln in Würfel und Knoblauch in feine Scheiben schneiden. Zu den Garnelen geben und leicht anschwitzen. Dann die Butter, die Chili Sauce und die Fischsauce hinzufügen. Zum Schluss die gehackten Estragonblättchen einstreuen.
Alles kurz mit den schwarzen Nudeln schwenken und portionsweise anrichten.

REZEPTE

HIRSCHRÜCKEN UNTER EINER KRÄUTERKRUSTE MIT KARTOFFEL-KÜRBISPÜREE UND KARAMELL-VANILLEMÖHREN

Hotel Restaurant Sunshine, Seite 80

ZUTATEN FÜR 4 PERSONEN

Kartoffel-Kürbispüree: 200 g Muskatkürbis, 200 g Kartoffeln, 250 ml Milch, Salz, Pfeffer, Muskat
Karamell-Vanillemöhren: 400 g geschälte Möhren, 60 g Puderzucker, Salz, Pfeffer, Vanilleschote
Hirschrücken: 4 Portionen Hirschrücken à 180 g, 200 ml Wildfond, 200 ml Rotwein, 5 Wacholderbeeren, Piment
Kräuterkruste: 1 Zweig Rosmarin, 1 Thymiansträußchen, 250 g Butter, 150 g Weißbrot ohne Rinde, Salz, Pfeffer, 150 g Butter

ZUBEREITUNG

Kartoffeln und Kürbis schälen und separat kochen beziehungsweise dünsten. Anschließend aus Kartoffeln, Kürbis und Milch ein Püree herstellen und mit Salz, Pfeffer, Butter und Muskat abschmecken.

Möhren schälen, al dente kochen und danach in Stifte schneiden. Puderzucker in der Pfanne zum Karamell erhitzen, Möhrenstifte hinzufügen und mit Salz, Pfeffer, Muskat und Vanille abschmecken.

Für die Kräuterkruste Rosmarinnadeln und Thymian klein schneiden und in Butter anschwitzen. Mit Salz und Pfeffer würzen und mit dem geriebenen Weißbrot binden, bis eine feste Masse entsteht.

Die vier Stücke des Hirschrückens von beiden Seiten kurz anbraten und mit Salz, Pfeffer, Wacholderbeeren und Piment würzen. Anschließend die Kräuterkruste auf das Fleisch verteilen. Dann das Fleisch aus der Pfanne nehmen und in einer Auflaufform etwa 12 Minuten im Ofen bei 180 °C Umluft ohne Deckel garen lassen.

Den Bratensatz in der Pfanne mit Rotwein und Wildfond ablöschen, anschließend mit kalter Butter und mit Hilfe eines Stabmixers binden und den Fond warm stellen.

Das Kartoffel-Kürbispüree als Nocken auf den Teller mit den Möhren anrichten. Die Sauce angießen und das Hirschsteak platzieren.

BARRAMUNDIFILET MIT ARGANÖL-GEMÜSE UND PANCETTA-KARTOFFEL-SPIESS

Riad-Mediterrane Genusswelten, Seite 98

ZUTATEN FÜR 4 PERSONEN

ca. 800 g Barramundifilet (Gattung Riesenbarsch), 200 g Zucchini, 200 g Aubergine, 200 g gelbe Paprika, 100 g Cherrytomaten, 100 g Porree, 20 g Petersilie, 20 g Dill, 800 g Drillinge (Kartoffeln), 300 g Pancetta (italienischer Speck), 1 rote Zwiebel, 2 Zehen Knoblauch, etwas Rosmarin, etwas Thymian, 100 g Butter, 150 ml Weißwein, 2 TL Arganöl, Salz, Pfeffer, Holzspieße

ZUBEREITUNG

Barramundifilet entschuppen, filetieren und gut mit Salz und Pfeffer würzen.

Das Gemüse waschen und in mundgerechte Stücke schneiden, die Zwiebel in Streifen schneiden. Das Gemüse in Butter anbraten. Nachdem es etwas Farbe bekommen hat, fein geschnittenen Knoblauch und Zwiebelstreifen zugeben. Fein gehackten Rosmarin und Thymian hinzufügen. Das Gemüse kurz anschwenken und mit dem Weißwein ablöschen. Das Gemüse soll noch knackig sein. Dann kurz die weichen Kräuter mit durchschwenken und mit Salz, Pfeffer und dem Arganöl abschmecken (Achtung: Da Arganöl sehr intensiv ist, genügen etwa 2 Teelöffel).

Drillinge bissfest kochen und abkühlen lassen, dann längs halbieren. Die Hälften mit Pancetta-Schinken umwickeln und jeweils 3 bis 4 Hälften auf einen Holzspieß stecken. Danach die Spieße auf niedriger Stufe und ohne Fett anbraten, bis der Schinken knusprig wird.

Das Gemüse in der Mitte eines großzügigen Stücks Backpapier verteilen. Das gewürzte Barramundifilet mit der Hautseite auf das Gemüse legen. Das Backpapier zu einem kleinen Päckchen zusammenfalten und für ca. 15 Minuten im vorgeheizten Backofen auf 160 °C garen. So wird der Fisch schonend zubereitet und die Aromen können sich im Backpapier vermischen. Anschließend das Päckchen vorsichtig öffnen, etwas Gemüse mit dem entstandenen Sud auf dem Teller anrichten, das Filet auf das Gemüse legen und einen oder zwei der knusprigen Kartoffelspieße dazu legen.

Kleiner Tipp: Beim Verzehren lässt sich die Barramundi-Haut einfach mit der Gabel in einem Stück abziehen.

REZEPTE

„KIRCHHELLENER KNUSPEREI" AUF SPARGEL-SPINATRAGOUT MIT KROSSEM MESCHEDE-SCHINKEN UND TRÜFFELSENFRAHM

Gasthof Berger, Seit 114

ZUTATEN FÜR 4 PERSONEN

4 geschälte Kartoffeln, 1 EL Butter, 4 Scheiben Schinken, Olivenöl, 1 Zweig Thymian, 200 g frische Spinatblätter (ohne Strunk), 6-8 Stangen Spargel, 1 Schalotte gewürfelt, 2 EL Butter, 1 EL geriebener Parmesan, Salz, Pfeffer, Muskat, 1 Schalotte gewürfelt, 1 EL mittelscharfer Senf, 1 EL Trüffelsenf, 2 EL Butter, 50 ml Sahne, 50 ml Spargelwasser, 6 Landeier (Größe M), 4 Seiten Brickteig, Mehl zum Panieren, Fett zum Frittieren, 1 Prise Salz

ZUBEREITUNG

Kartoffeln im Salzwasser weich kochen, Wasser abgießen, Kartoffeln und Butter mit einer Gabel zu Kartoffelstampf zerdrücken.

Schinkenscheiben glatt auf Backpapier auslegen, mit Thymiannadeln bestreuen und etwas Olivenöl darüber träufeln. Backofen auf 180 °C Ober- und Unterhitze vorheizen und Schinkenscheiben 6 Minuten kross backen.

Spargel im kochenden Wasser bissfest garen, herausnehmen, Wasser beiseite stellen. In einer großen Pfanne Schalottenwürfel mit 1 Esslöffel Butter glasig dünsten, Spinat hinzugeben und unterrühren, bis der Spinat an Volumen verliert. Die Spargelstangen schräg in 5 Zentimeter lange Stücke schneiden, mit in die Pfanne geben und durchschwenken, bis die meiste Flüssigkeit verkocht ist. Würzen und den Rest Flüssigkeit unter Zugabe des zweiten Esslöffels Butter und des Parmesans binden.

Für die Sauce 1 Esslöffel Butter in kleinen Topf geben, Schalottenwürfel darin glasig dünsten, mit Spargelwasser und Sahne ablöschen und alles um ein Drittel einkochen lassen. Dann den zweiten Esslöffel Butter und den Senf hinzugeben. Alles mit dem Stabmixer einmal aufschäumen, eventuell nachsalzen.

4 Landeier 4 Minuten kochen, abschrecken und pellen. In einem Stieltopf Frittierfett auf 160 °C erhitzen. Die 2 restlichen Eier verquirlen. Den Brickteig in feine Streifen schneiden. Die gepellten Eier nacheinander melieren, durch das verquirlte Ei ziehen, mit den Brickteigstreifen umwickeln und sofort vorsichtig ins heiße Fett legen, bis es goldbraun gebacken ist. Herausnehmen, zum Abtropfen auf ein Tuch legen und leicht salzen.

PANHAS MIT HIMMEL UN ÄÄD
Restaurant Mausefalle, Seite 122

ZUTATEN FÜR 4 BIS 5 PERSONEN
Panhas: 0,5 l kräftige Fleischbrühe, 150 g fettarmes Rindfleisch, z.B. Oberschale, 80 g Blutwurst, 100 g Schweinebauch, ohne Schwarte und ohne Knochen, 1/8 TL Nelke, fein gemörsert, ¼ TL Piment, fein gemörsert, frischer Majoran, 110 g Buchweizenmehl, Salz, Pfeffer
Himmel un Ääd: 500 g mehlige Kartoffeln, 500 g saure Äpfel, vorzugsweise Boskoop, etwas Butter

ZUBEREITUNG
Das Rindfleisch in der Brühe gut gar kochen und dann herausnehmen. Anschließend das Fleisch und die Blutwurst durch einen Wolf drehen. Den Schweinebauch in etwa 1 Zentimeter große Würfel schneiden.

Die Brühe wird nun kräftig mit Nelke, Piment, Salz, Pfeffer und fein gehacktem Majoran gewürzt. Rindfleisch, Blutwurst und Schweinebauchwürfel in die Brühe geben und diese unter ständigem Köcheln mit dem Buchweizenmehl binden, bis sich die Masse (Panhas) vom Topfboden löst. Zum Auskühlen wird der Panhas in eine kalt ausgespülte Form gefüllt.

Für das Himmel un Ääd die Kartoffeln schälen und diese in wenig Salzwasser kochen. Die Äpfel schälen, entkernen und in Stücke schneiden. Sobald die Kartoffeln gar sind, die Apfelstücke zu den Kartoffeln geben und diese noch einige Minuten mitkochen. Anschließend Kartoffel-Apfel-Gemisch abgießen, etwas ausdämpfen lassen und mit der Butter gut durchstampfen.

Den Panhas aus der Form stürzen, in Scheiben schneiden und knusprig anbraten. Portionsweise mit dem Apfel-Kartoffelstampf (Himmel un Ääd) auf dem Teller anrichten. Schmeckt am besten mit etwas dunkler Bratensoße und Röstzwiebeln.

REZEPTVERZEICHNIS

B

BARRAMUNDIFILET MIT ARGANÖL-GEMÜSE UND PANCETTA-KARTOFFEL-SPIESS	139

C

CARPACCIO VOM SCHMALTIER	133

D

DREIERLEI VON DER HEIDELBEERE UND CRÈME FRAÎCHE-EIS	133

G

GARTENSALAT LANDGASTHOF SEEMER	135
GEBRATENE GARNELEN MIT SCHWARZEN NUDELN	137
GIN BASIL SMASH	136

H

HIRSCHRÜCKEN UNTER EINER KRÄUTERKRUSTE MIT KARTOFFEL-KÜRBISPÜREE UND KARAMELL-VANILLEMÖHREN	138

K

„KIRCHHELLENER KNUSPEREI" AUF SPARGEL-SPINATRAGOUT MIT KROSSEM MESCHEDE-SCHINKEN UND TRÜFFELSENFRAHM	140

O

OCHSENBACKEN	132

P

PANHAS MIT HIMMEL UN ÄÄD	141
PERLHUHNBRUST IM SPECKMANTEL MIT RAHMSAUERKRAUT UND SCHUPFNUDELN	132

R

RINDERROULADEN	134
ROGGENMISCHBROT	136

S

SCHWEINEBAUCH 68 / 24	134

Manche Süßigkeiten erzählen Geschichten, wie diese Pralinen vom Ruhrgebiet.

ADRESSVERZEICHNIS

B

BÄCKEREI HAHNE S. 60
Familie Hahne
Glösinger Straße 26
59823 Arnsberg
Telefon 0 29 37 / 4 74
th@backhandwerk-hahne.de
www.backhandwerk-hahne.de

BIOHOF SCHULZE WETHMAR S. 82
Vitus Schulze Wethmar
Waldweg 3
44534 Lünen
Telefon 0 23 06 / 5 03 90
info@schulze-wethmar.de
www.schulze-wethmar.de

BRAUKSIEPE S. 110
GOLDSCHMIEDEMANUFAKTUR
Anna und Stephan Schneider
Meisenburgstraße 266
45219 Essen
Telefon 0 20 54 / 938 86 50
info@brauksiepe-goldschmiedemanufaktur.de
www.brauksiepe-goldschmiedemanufaktur.de

C

CAFÉ HAGEMEISTER S. 32
Anna Luse
Ruhrstraße 9
59939 Olsberg
Telefon 0 29 62 / 9 76 66 67
info@cafe-hagemeister.de
www.cafe-hagemeister.de

E

EICHELHARDTS WEINKONTOR S. 74
Jutta und Thomas Beger
Südstraße 70
58509 Lüdenscheid
Telefon 0 23 51 / 33 86
welcome@eichelhardt.com
www.eichelhardt.com

G

GASTHOF BERGER S. 114
Stefan Bertelwick
Schloßgasse 35
46244 Bottrop
Telefon 0 20 45 / 26 68
info@gasthof-berger.de
www.gasthof-berger.de

GASTHOF DAUTE S. 76
Berthold Daute
Kesberner Straße 24
48644 Iserlohn
Telefon 0 23 71 / 9 04 40
info@gasthof-daute.de
www.gasthof-daute.de

GOLDSCHMIEDE BESTE S. 24
Heinz Beste
Feldstraße 11
59955 Winterberg
Telefon 0 29 81 / 21 63
beste-gbr@t-online.de
www.goldschmiede-beste.de

GUTSHOF ITTERBACH S. 26
Küchenchefs Christian Hagel
und Thomas Schurat
Mühlenkopfstraße 7
34508 Willingen
Telefon 0 56 32 / 96 94 0
info@gutshof-itterbach.de
www.gutshof-itterbach.de

H

HAPIMAG HOCHSAUERLAND S. 18
Hisham Tawik, Resort Manager
Norman Pontzen, Chefkoch
Holtener Weg 21
59955 Winterberg
Telefon 0 29 81 / 80 80
winterberg@hapimag.com
www.hapimag.com

HAUS OVENEY S. 102
Anne Behrenbeck
Oveneystraße 65
44797 Bochum
Telefon 02 34 / 79 98 88
info@haus-oveney.com
www.haus-oveney.com

HOF UMBERG S. 112
Susanne und Jörg Umberg
Overhagener Feld 10
46244 Bottrop
Telefon 0 20 45 / 51 03
post@hof-umberg.de
www.hof-umberg.de

HOTEL-CAFÉ-RESTAURANT S. 64
ALTES BACKHAUS
Familie Güldenhaupt
Alter Markt 27
59821 Arnsberg
Telefon 0 29 31 / 52 20 0
mail@altesbackhaus.de
www.altesbackhaus.de

HOTEL ENGEMANN KURVE S. 16
Familie Gebhardt und Frank Soccal
Haarfelder Straße 10
59955 Winterberg
Telefon 0 29 81 / 92 94 0
info@engemann-kurve.de
www.engemann-kurve.de

HOTEL HOLLÄNDER HOF S. 50
Familie Mesters
Ohlstraße 4
59872 Meschede-Grevenstein
Telefon 0 29 34 / 96 13 0
info@hotel-hollaender-hof.de
www.hotel-hollaender-hof.de

HOTEL RESTAURANT SUNSHINE S. 80
Ulrich Breer
Hohensyburgstraße 186
44265 Dortmund
Telefon 02 31 / 77 49 49 30
info@haus-breer.de
www.sunshine-hotel.de

HOTEL-RESTAURANT S. 62
ZUM LANDSBERGER HOF
Klaus Willmes
Alter Markt 18-20
59821 Arnsberg
Telefon 0 29 31 / 8 90 20
hotel@landsberger-hof.de
www.landsberger-hof.de

HOTEL & RESTAURANT LUCKAI S. 54
Ute und Meinolf Luckai
Christine-Koch-Straße 11
59872 Meschede-Freienohl
Telefon 0 29 03 / 9 75 2-0
info@hotel-luckai.de
www.hotel-luckai.de

HOUSE OF CIGARS S. 124
Ron Noack
Wallstraße 10
47051 Duisburg
Telefon 02 03 / 28 40 48
info@house-of-cigars.de
www.house-of-cigars.de

K

KAFFEEHAUS WINTERBERG S. 20
Danica Wahle
Marktstraße 1
59955 Winterberg
Telefon 0 29 81 / 5 08 96 71
info@kaffeehaus-winterberg.de
www.kaffeehaus-winterberg.de

L

LANDGASTHOF SEEMER S. 56
Alexandra Weißenfels-Seemer
und Julia Seemer
Südstraße 4
59889 Wenholthausen
Telefon 0 29 73 / 5 70
info@seemer.de
www.seemer.de

LANGENHORSTER STUBE S. 106
Tim Vollmer und Carina Frisch
Langenhorster Straße 98
42551 Velbert
Telefon 0 20 51 / 8 02 39 81
info@langenhorster-stube.de
www.langenhorster-stube.de

M

MERTE METZGEREI S. 40
Im Brauke 24
57392 Schmallenberg
Telefon 0 29 72 / 97 17 0
info@merte.com
www.merte.com

METZGEREI FUNKE-SCHNORBUS S. 34
Elke und Michael Funke
Mittelstraße 16
59939 Olsberg
Telefon 0 29 62 / 18 43
info@funke-schnorbus.de
www.funke-schnorbus.de
www.steinkleffhuette.de

ADRESSVERZEICHNIS

METZGEREI KRENGEL — S. 66
Petra und Helmut Krengel
Stockumer Straße 40
59846 Sundern-Dörnholthausen
Telefon 0 29 33 / 36 26
metzgerei-krengel@t-online.de
www.metzgerei-krengel.de

N

NETTE´S LÄDCHEN — S. 78
Annette Neuert
Mährstraße 13
58239 Schwerte
Telefon 0 23 04 / 9 66 02 50
a-neuert@versanet.de
www.nettes-lädchen.de

P

PARFÜMERIE WIGGER — S. 86
Elke und Willi Wigger
Kaiserstraße 100
44135 Dortmund
Telefon 02 31 / 52 49 62
info@parfuemerie-wigger.de
www.parfuemerie-wigger.de

PARTYSERVICE MUES — S. 52
Marcus Mues
Caller Straße 10
59872 Meschede-Wallen
Telefon 0 29 03 / 60 81
info@partyservice-mues.de
www.partyservice-mues.de

POSTERGALERIE — S. 90
Axel Schroeder
Kampstraße 4
44137 Dortmund
Telefon 02 31 / 52 76 54
info@pogado.de
www.pogado.de

R

RESTAURANT KLOSTERPFORTE — S. 128
Stephan Hedrich
Rheinberger Straße 81
47475 Kamp-Lintfort
Telefon 0 28 42 / 9 08 24 44
info@klosterpforte-kamp.de
www.klosterpforte-kamp.de

RESTAURANT MAUSEFALLE — S. 122
Hendrik Peek
Bogenstraße 8
45468 Mülheim
Telefon 02 08 / 3 05 98 60
info@mausefallemuelheim.ruhr
www.mausefallemuelheim.ruhr

RIAD – MEDITERRANE — S. 98
GENUSSWELTEN
Barbara und Tarik Sealiti
Wartburgstraße 281
44577 Castrop-Rauxel
Telefon 0 23 67 / 1 81 51 68
info@riad-gastronomie.de
www.riad-gastronomie.de

ROMANTIK- & — S. 36
WELLNESSHOTEL DEIMANN
Familie Deimann
Winkhausen 5
57392 Schmallenberg-Winkhausen
Telefon 0 29 75 / 8 10
info@deimann.de
www.deimann.de

S

SCARPATI — S. 104
HOTEL-RESTAURANT-TRATTORIA
Roswitha und Aniello Scarpati
Scheffelstraße 41
42327 Wuppertal
Telefon 02 02 / 78 40 74
info@scarpati.de
www.scarpati.de

SCHÄFERHOF — S. 42
Familie Grobbel
Jagdhaus 21
57392 Schmallenberg
Telefon 0 29 72 / 4 73 34
info@schaeferhof.com
www.schaeferhof.com

SCHMIEDE & GALERIE FÖSTER — S. 38
Uwe Föster
An der Gleier 36
57392 Schmallenberg-Gleidorf
Telefon 0 29 72 / 4 82 45
info@schmiede-galerie-foester.de
www.schmiede-galerie-foester.de

SCHMITT ANGUSOX S. 22
Ulrich Schmitt
Am Mittelsberg 6
59955 Winterberg
Telefon 01 70 / 8 69 51 67
schmitt.angusox@gmx.de
www.schmitt-angusox.de

T

TOM'S IM BURGHOF S. 88
Thomas Jaworek
Mengeder Straße 687
44359 Dortmund
Telefon 02 31 /226 56 43
info@toms-im-burghof.de
www.toms-im-burghof.de

V

VINOTHEK DORFSTRASSE 13 S. 100
Ralf Sondermann
Dorfstraße 13
45549 Sprockhövel
Telefon 0 23 39 / 12 02 77
info@dorfstrasse13.de
www.dorfstrasse13.de

W

WALDHOTEL SCHINKENWIRT S. 30
Gabi und Michael Pfannes
Eisenberg 2
59939 Olsberg
Telefon 0 29 62 / 9 79 05-0
info@schinkenwirt.com
www.schinkenwirt.com

WEGENER'S S. 84
GEMÜSE-MANUFAKTUR
Thomas Wegener
In den Hülsen 2
44536 Lünen
Telefon 02 31 / 87 18 97
info@wegener-s.de
www.wegener-s.de

WELLINGS ROMANTIK HOTEL S. 126
ZUR LINDE
Familie Welling
An der Linde 2
47445 Moers-Repelen
Telefon 0 28 41 / 97 60
info@hotel-zur-linde.de
www.wellings.de

REGISTER

Abtei Königsmünster 46, 48
Alsum 120
Ardeygebirge 70
Arnsberg 61, 63, 65, 94
Assinghausen 70
Baldeneysee 70
Bergen 117
Bergisches Land 120
Bigge 35
Bochum 71, 93, 103, 117, 118
Bottrop 45, 93, 113, 115
Bruckhausen 120
Castrop-Rauxel 99
Dorsten 115
Dortmund 70, 72, 81, 87, 89, 91, 96, 117
Duisburg 13, 47, 69, 72, 95, 96, 117, 119, 120, 125
Eichenholz 63
Eisenberg 31
Elfringhauser Schweiz 72
Ennepe-Ruhr-Kreis 71
Eslohe 94
Essen 48, 93, 94, 96, 111, 119
Eversberg 61
Freienohl 61
Gelsenkirchen 45, 71, 93, 118
Gevelsberg 71
Gladbeck 115
Grumme 117
Hagen 94
Halde 45
Hattingen 71, 72, 120
Hengsteysee 81
Herten 119

Hochsauerland 13
Hohensyburg 70, 81
Iserlohn 77
Itterbach 27
Kamp-Lintfort 129
Kemnader Stausee 103
Langenhorster Forst 107
Lüdenscheid 75
Lünen 83, 85
Medebach 21
Meschede 46, 47, 51, 53, 55
Moers-Repelen 127
Mühlenkopfschanze 27
Mühlheim an der Ruhr 48
Mülheim 93, 123
Muttental 72
Oberhausen 93, 96, 107
Oeventrop 61
Olsberg 31, 33, 35, 70
Rhein 69, 117
Rhein-Herne-Kanal 99
Rheinland 13
Riemke 117
Rothaargebirge 13, 70, 117
Ruhr 33, 45, 47, 48, 69, 70, 72, 93, 94, 117
Ruhrgebiet 13, 48, 70, 72, 94, 96, 99, 117, 119
Ruhrhöhenweg 70
Ruhrquelle 55, 69
Ruhrtal-Radweg 55, 63, 69, 103
Ruhrwiesen 103
Sauerland 13, 19, 31, 33, 37, 39, 41, 51, 57, 63, 70, 94, 117
Schalke 118
Schloss Cappenberg 83

Schloss Steinhausen 71
Schmallenberg 37, 39, 41, 43
Schwerte 79
Springorum-Radweg 71
Sprockhövel 71, 72, 101
Steele 70, 93
Strycktal 27
Sundern-Dörnholthausen 65
Tippelsberg 117
Ückendorf 118
Velbert 72, 107
Wartburginsel 99
Wenholthausen 57
Wenneufer 57
Werden 70
Westfalen 13
Westhofen 81
Wetter-Wengern 71
Willingen 27
Windrather Tal 72, 107
Winterberg 13, 17, 19, 21, 23, 25, 69, 72
Witten 71
Wuppertal 72, 105

In Witten überspannt dieses kunstvolle Viadukt die Ruhr für den Eisenbahnverkehr.

Besondere Adressen für Sie entdeckt

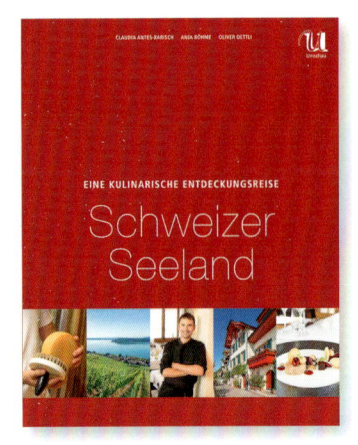

Schweizer Seeland
128 Seiten, Hardcover
978-3-86528-873-8

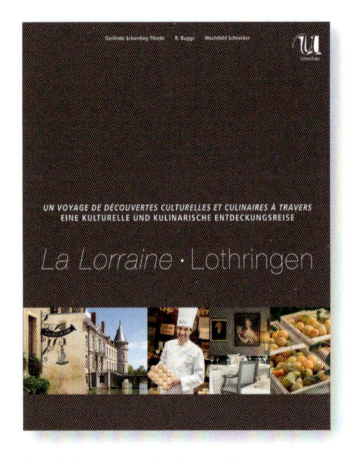

Lothringen – La Lorraine
176 Seiten, Hardcover
978-3-86528-507-2

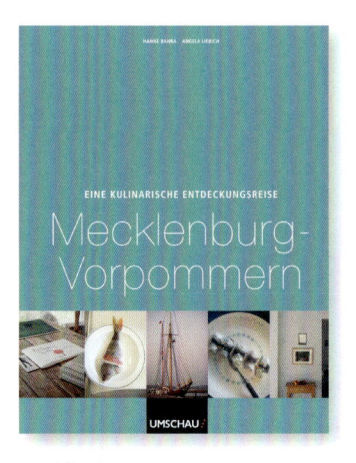

Mecklenburg-Vorpommern
368 Seiten, Hardcover
978-3-86528-460-0

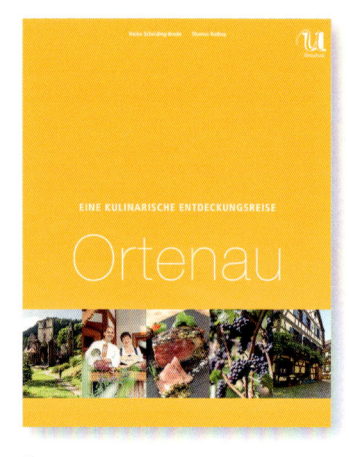

Ortenau
144 Seiten, Hardcover
978-3-86528-437-2

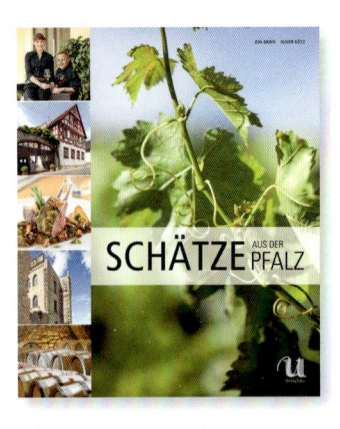

Schätze aus der Pfalz
208 Seiten, Hardcover
978-3-86528-493-8

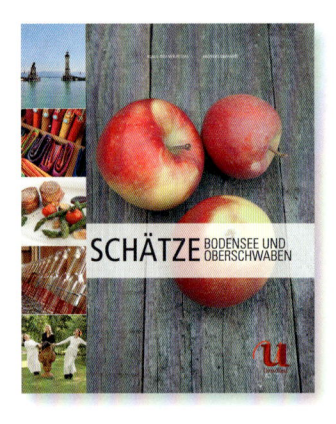

Schätze Bodensee und Oberschwaben
192 Seiten, Hardcover
978-3-86528-556-9

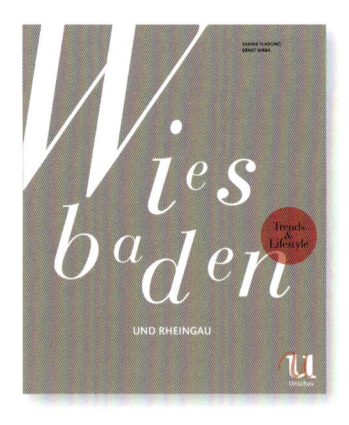

Wiesbaden und das Rheingau
128 Seiten, Hardcover
978-3-86528-857-8

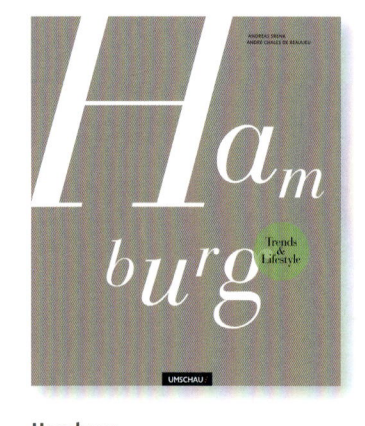

Hamburg
160 Seiten, Hardcover
978-3-86528-455-6

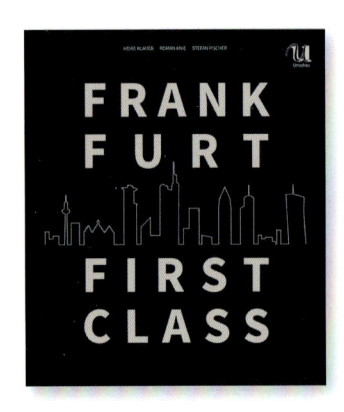

Frankfurt First Class
192 Seiten, Hardcover
978-3-86528-870-7

Raum & Design München
184 Seiten, Hardcover
978-3-86528-546-1

Bestes Handwerk Niederbayern
160 Seiten, Hardcover
978-3-86528-465-5

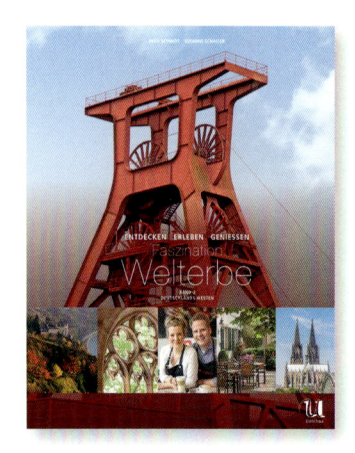

Faszination Welterbe Deutschlands Westen
326 Seiten, Hardcover
978-3-86528-853-0

Weitere Empfehlungen für Sie

Süßes aus der Landküche
160 Seiten, Softcover
978-3-86528-686-4

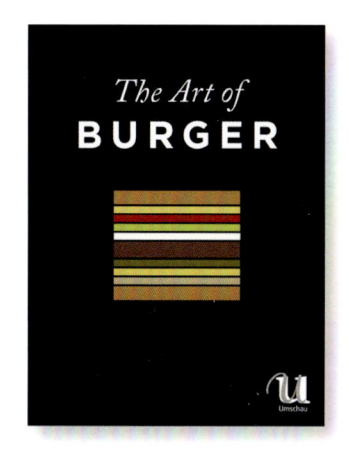

The Art of Burger
144 Seiten, Hardcover
978-3-86528-725-0

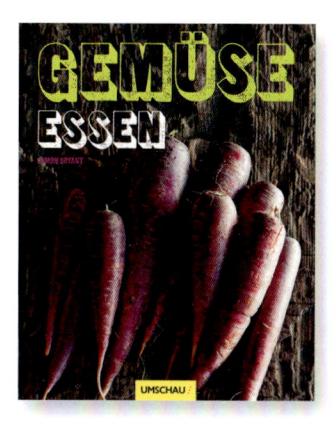

Gemüse essen
234 Seiten, Hardcover
978-3-86528-762-5

Drunter & Drüber
208 Seiten, Hardcover
978-3-86528-746-5

Wein? Yes!
176 Seiten, wattierter Umschlag
978-3-86528-770-0

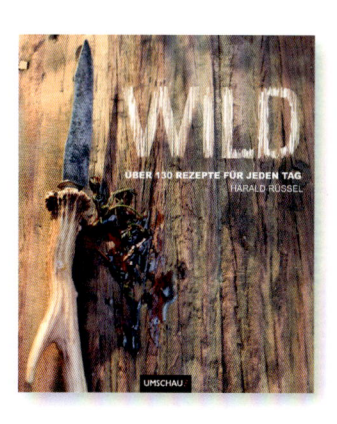

Wild
256 Seiten, Hardcover mit Lesebändchen
978-3-86528-734-2

Umschau

Für weitere Informationen über unsere Reihen wenden Sie sich direkt an den Verlag:

Neuer Umschau Buchverlag GmbH
Moltkestraße 14
D-67433 Neustadt/Weinstraße

☎ +49 (0) 63 21 / 8 77-833
📠 +49 (0) 63 21 / 8 77-859
@ info@umschau-buchverlag.de

Besuchen Sie uns auch im Internet:
www.umschau-buchverlag.de

IMPRESSUM

© 2015 Neuer Umschau Buchverlag GmbH,
Neustadt an der Weinstraße

Alle Rechte der Verbreitung in deutscher Sprache, auch durch Film, Funk, Fernsehen, fotomechanische Wiedergabe, Tonträger jeder Art, auszugsweisen Nachdruck oder Einspeicherung und Rückgewinnung in Datenverarbeitungsanlagen aller Art, sind vorbehalten.

RECHERCHE
Daniel Georgescu, Essen

TEXTE
Christel Trimborn, Bochum
www.wemfall.de
Susanne Schaller, Leverkusen
www.susanneschaller.de

FOTOS
Gabi Bender, Möhnesee
www.benderfotografie.de

LEKTORAT / PRODUKTION
Mediavanti OHG – Agentur für Text und Konzept,
Oldenburg
www.mediavanti.de

GESTALTUNG / REPRODUKTION
STOCKWERK2 – Agentur für Kommunikation,
Oldenburg
www.stockwerk2.de

KARTE
Thorsten Trantow, Herbolzheim
www.trantow-atelier.de

DRUCK UND VERARBEITUNG
NINO Druck GmbH, Neustadt an der Weinstraße
www.ninodruck.de

Printed in Germany
ISBN: 978-3-86528-886-8

Die Ratschläge und Empfehlungen in diesem Buch wurden von den Autoren und dem Verlag sorgfältig erwogen und geprüft, dennoch kann eine Garantie nicht übernommen werden. Eine Haftung der Autoren und des Verlags für Personen-, Sach- und Vermögensschäden ist ausgeschlossen.

Wir bedanken uns für die freundlicherweise zur Verfügung gestellten Fotos bei:
Titelmotiv: Red Dot Design Museum, Simon Bierwald

Hotel Engemann Kurve (S. 16, 17, 132 l.), Hapimag Hochsauerland (S. 19, 132 r.), Ulrich Schmitt (S. 22, 23 o.), Gutshof Itterbach (S. 26, 27 m., u.), Waldhotel Schinkenwirt (S. 30, 31 o.), Café Hagemeister (S. 33 o.), Romantik- & Wellnesshotel Deimann (S. 36, 37), Schmiede & Galerie Föster (S. 39 o.), Merte Metzgerei (S. 40, 41 m., u., 134 l.), Schäferhof (S. 42, 43), Abtei Königsmünster, Roman Weis (S. 44, 46), mit freundlicher Genehmigung des Geistlichen und Kulturellen Zentrums Kloster Kamp, www.kloster-kamp.eu (S. 45, 49), mit freundlicher Genehmigung der Stadt Kamp-Lintfort (S. 48), Hotel Luckai (S. 55), Landgasthof Seemer (S. 56, 57 u.), Hotel-Café-Restaurant Altes Backhaus (S. 64), RuhrtalRadweg (S. 70, 72), Eichelhardts Weinkontor, Kreuzritter GmbH & Co. KG (S. 75 o., m., 136 r.), Biohof Schulze-Wethmar (S. 82, 83 o., u.), Wegener's Gemüse-Manufaktur, Marei Mauritz (S. 84, 85), Red Dot Design Museum, Simon Bierwald (S. 92), Ruhr Museum, Brigida González (S. 94, 97), Museum Folkwang, Sebastian Drüen (S. 95, 108/109), Riad – Mediterrane Genusswelten (S. 98, 99, 139), Vinothek Dorfstraße 13 (S. 101 o., m.), Scarpati Hotel-Restaurant-Trattoria (S. 104, 105 u.), Langenhorster Stube (S. 106, 107 u.), Brauksiepe Goldschmiedemanufaktur (S. 110, 111, Titel), Hof Umberg (S. 112, 113), Restaurant Mausefalle (S. 123 u., 141), Wellings Romantik Hotel zur Linde (S. 126, 127)

Besuchen Sie uns im Internet:
www.umschau-verlag.de